Thomas Vogel

Respekt

Thomas Vogel

Respekt

Biographische Predigten zu Richard von Weizsäcker, zum Widerstand gegen Hitler und zum Religions-Dialog

Fromm Verlag

Impressum / Imprint
Bibliografische Information der Deutschen Nationalbibliothek: Die Deutsche Nationalbibliothek verzeichnet diese Publikation in der Deutschen Nationalbibliografie; detaillierte bibliografische Daten sind im Internet über http://dnb.d-nb.de abrufbar.
Alle in diesem Buch genannten Marken und Produktnamen unterliegen warenzeichen-, marken- oder patentrechtlichem Schutz bzw. sind Warenzeichen oder eingetragene Warenzeichen der jeweiligen Inhaber. Die Wiedergabe von Marken, Produktnamen, Gebrauchsnamen, Handelsnamen, Warenbezeichnungen u.s.w. in diesem Werk berechtigt auch ohne besondere Kennzeichnung nicht zu der Annahme, dass solche Namen im Sinne der Warenzeichen- und Markenschutzgesetzgebung als frei zu betrachten wären und daher von jedermann benutzt werden dürften.

Bibliographic information published by the Deutsche Nationalbibliothek: The Deutsche Nationalbibliothek lists this publication in the Deutsche Nationalbibliografie; detailed bibliographic data are available in the Internet at http://dnb.d-nb.de.
Any brand names and product names mentioned in this book are subject to trademark, brand or patent protection and are trademarks or registered trademarks of their respective holders. The use of brand names, product names, common names, trade names, product descriptions etc. even without a particular marking in this work is in no way to be construed to mean that such names may be regarded as unrestricted in respect of trademark and brand protection legislation and could thus be used by anyone.

Coverbild / Cover image: www.ingimage.com

Verlag / Publisher:
Fromm Verlag
ist ein Imprint der / is a trademark of
OmniScriptum GmbH & Co. KG
Heinrich-Böcking-Str. 6-8, 66121 Saarbrücken, Deutschland / Germany
Email: info@frommverlag.de

Herstellung: siehe letzte Seite /
Printed at: see last page
ISBN: 978-3-8416-0606-8

Thomas Vogel

Respekt

Biographische Predigten zu Richard von Weizsäcker,
zum Widerstand gegen Hitler und zum Religions-Dialog

„.... Man überschätzt leicht

das eigene Wirken und Tun

in seiner Wichtigkeit gegenüber dem,

was man nur durch andere

geworden ist....“

(Dietrich Bonhoeffer)

(6341/126)

Dankbar

in besonderer, freundschaftlicher Verbundenheit zu

und Weg- Gefährtenschaft mit

HEIKO HOFFMANN

HATICE KARA

CHRISTINE BLUMENBERG-LAMPE

RAINER EPPELMANN & UTE KELLER

STEPHAN REIMERS

RALF MEISTER

BERND SCHWARZE

NICOLE THIEL

JAN WEINHOLD

Inhaltsverzeichnis

Diese Predigten aus der Ev.-Luth. Waldkirche Timmendorfer Strand waren – noch in freundschaftlicher Abstimmung mit Richard von Weizsäcker - geplant auf dessen 95. Geburtstag am 15. April 2015 zu. Gott hat diese Reihe aktualisiert am 31. Januar 2015, als er Weizsäcker zu sich auf seine andere Lebensseite rief, einen Tag vor Beginn dieser Predigten.

Zuvor

Das Erbe des Widerstandes gegen den Nationalsozialismus beschäftigt mich seit Jahren stark. Dazu habe ich seit 1989 Beiträge veröffentlicht, im Vorjahr mein erstes Buch, „Passioniert“. Um den 20. Juli herum ist diese Form fester Bestandteil des Predigtplans für ‚meine‘ Kanzel in der Ev.-Luth. Waldkirche Timmendorfer Strand - und mit seit Jahren einer Gast-Predigt-Reihe auch in Morsum auf Sylt; aus der Widerstands-Familie sind Christine Blumenberg-Lampe und Herzeleide Stökl (geb. von Schlabrendorff) dort bei Pastor Ekkehard Schulz verwurzelt. Zu vielen weiteren Mitgliedern der Widerstands-Familien pflege ich Kontakte und Austausch. In der „Forschungsgemeinschaft 20. Juli 1944“ bündeln sich solche Möglichkeiten mit Tagungen am Rhein intensiv. Das Format „Biographische Predigt“, dem ich seit Jahren konzentrierte Aufmerksamkeit widme und das meine Predigt-Praxis stark bestimmt, eignet sich zur angemessenen, respektvollen Würdigung in besonderer Weise. Vermutlich ist theologisch fundierte Biographie-Arbeit oft besser geeignet, Lebensläufen annähernd gerecht zu werden, als bloße Fach-Akribie von Historikern. Andere Theologen haben dazu Beachtliches beigetragen; ich nenne nur Eberhard Bethge, Günter Brakelmann, Antje Vollmer.

Glaube ist, recht verstanden und gelebt, immer auch Widerstandskraft; er stärkt das innere Immunsystem gegen Unheil und Unfreiheit. Glaube schärft Gewissen, stärkt Mündigkeit und Verantwortung für das Ganze. Das Erbe des Widerstandes ist in weiten Teilen gelebtes, konkretes Glaubenszeugnis, bleibend wichtig, auch deshalb. Und vorbildlich als aktueller Merkposten: „Es gibt ein helles Deutschland, das sich leuchtend darstellt, gegenüber dem Dunkel-deutschland“ (Joachim Gauck) (JG II).

Intensiven Reise-Erfahrungen, mit der ganzen Familie Kreta [2005] und Kathargo [2007], mit dem Eutiner Pastoren-Konvent in Rom [2011], allein dann in Jerusalem [2012], Konstantinopel, Sardes und Laodicea [2013], Kappadokien, Konya und Belek [2014] , Masuren mit Wolfsschanze [2014] sowie Nord-Zypern [2015] verdanke ich gute, frische Impulse, wichtige, horizont-erweiternde, bibel- und eben auch koran-nahe Blicke für das Ganze.

Mit dem wegweisenden Werk der großen evangelischen Theologin und bedeutenden Islam-Expertin Annemarie Schimmel (* 1922 + 2002), ihrem theologischen, kenntnisreichen Brückenschlag in die islamische Welt und ihre Mystik, hatte ich mich lange schon beschäftigt. Vom christlich-jüdischen Dialog bin ich seit Studienzeiten geprägt. Aufmerksamkeit für das, was mir freundschaftlich verbundene Weggefährten treiben, begleitet mich lange, früher bei Albrecht Goes, anhaltend bei Stephan Reimers und Ralf Meister. Überzeugt engagiere ich mich für Dialog und Toleranz, beteilige ich mich an einem friedens-entscheidenden, weiterführenden Groß-Thema. Lässt sich „dreieinig" auch unter verwandten, monotheistischen, abrahamitischen Religionen neu denken - Gott, dem dreieinigen, zur Ehre, und für uns alle zukunftsträchtig, angstmindernd und friedensfördernd? Auch dazu habe ich zu predigen und Gemeindeveranstaltungen anzubieten begonnen. Richard von Weizsäcker schreibt mir noch 2013: „Von Herzen danke ich Ihnen für Ihre großen Texte, zumal Dreieinig" (RW VI).

Mittendrin steht ein starkes, persönlich-vertrauensvolles Bündnis mit Hatice Kara. Sie ist die erste muslimische Bürgermeisterin in Deutschland. Mit ihr gemeinsam versuche ich Schritte in eine „Neue Normalität", integrierend, religionsübergreifend verbündet. Hatice Kara ist im Thema „Gottesbezug" für die schleswig-holsteinische Landesverfassung engagiert.

Vorlesungs- und Studientags-Angeboten der Hamburger „Akademie der Weltreligionen" verdanke ich internationale, großartige Studien-Anregungen; die Vizedirektorin Prof. Dr. Katajun Amirpur (*1971), sie hat bei Annemarie Schimmel studiert, hat ein fulminantes Gemeindegespräch „Den Islam neu denken" im Juni 2015 in meiner Gemeinde gehalten, mit starker Resonanz. Solche muslimische Verbündete sind Chance und Schatz zugleich. Solche Bündnisse sind zukunftsträchtig, religiös, friedensstiftend, zukunftsbauend…

Ob Neu-Lesen oder Nach-Lesen: Ich wünsche allen bei der Lektüre gute Impulse, aufmerksame Neugier und Gottes Segen.

I. Richard von Weizsäcker (*15.04.1920 + 31.01.2015)

„Krise als Chance" & Ex. 3, 14; Lev. 19, 18; Röm. 15, 7

Gott aktualisiert. Seltsam: Heute beginne ich eine Reihe von lange geplanten Predigten, von der Richard von Weizsäcker mir im Vorwege geschrieben hat, sie erwärme sein Herz. Gestern hat er das Zeitliche gesegnet. Seltsam: Mit einer anderen Todesnachricht wollte ich beginnen und beginne ich: Tief in meine Erinnerung hat sich die Nachricht vom tödlichen Attentat auf US-Präsident John F. Kennedy am 22. November 1963 eingebrannt – und von Stund' an bei mir ein lebhaftes politisches Interesse geweckt, das sich nach einem Leitwort ausstreckt: Freiheit. Obwohl ich erst neun Jahre alt war. Und dieses Interesse hat nie abgenommen. Der gewaltsame Tod eines Hoffnungsträgers, eigentlich kein Kinderthema, doch eines, das zum Erwachsen-Werden beiträgt. Nie hat mein Interesse mich zu einem unmittelbaren politischen Engagement geführt, schon gar nicht zur Partei-Politik, wohl aber an die Schnittmengen von kirchlichem Auftrag und politischer Dimension. Insofern ist es sicher kein Zufall, dass von den mir besonders freundschaftlich verbundenen Weggefährten auffällig viele durchaus politisch aktiv sind bzw. waren: Heiko Hoffmann und Hatice Kara, Richard von Weizsäcker, Stephan Reimers und Rainer Eppelmann, verantwortungs- und meinungsstark sie alle. Wenn ich Richard von Weizsäcker hier so einfüge, mache ich deutlich: Er war für mich seit vielen Jahren ein ganz besonderer, väterlicher Freund, von beeindruckender Präsenz und Ausstrahlung, ein eigenständiger, unabhängiger Geist, ein wirklicher Freiherr. Jede Begegnung, jedes Gespräch, jedes Telefonat, jede Briefzeile war ein Geschenk. Seine Resonanz auf meine Gedankengänge und Texte war ein guter Kompass. Bei ihm lohnte es immer, Zeitzeugenschaft und Orientierungswissen nachzutragen. „Geist, Maß und Stil" (WH) ist eine Fernseh-Dokumentation nach Ende seiner zweiten Amtszeit als Bundespräsident 1994 überschrieben, sehr treffend. Meine Freundschaft zu ihm enthielt keinen Anflug von Distanzlosigkeit und Kumpelhaftigkeit. Große Herzlichkeit hingegen schon. Davon gab es ausgeprägte Momente, etwa 2010 nach einem Gottesdienst in Berlin, den Ralf Meister gestaltet hat, als Weizsäcker mich im Kirchenschiff entdeckte, sehr herzlich begrüßte und sich sogleich souverän unterhakte, als wir dem Ausgang zustrebten, damit wir nicht getrennt werden könnten, während er sich angelegentlich nach meinen nächsten Predigtreihen-Plänen erkundigten. In dieser Konstellation verabschiedeten wir uns vom Prediger, meinem früheren Vikar, und Weizsäcker machte vor der Kirchentür belustigte, spitzbübische, leise Bemerkungen in Berliner Mundart, als ein Staatssekretär beflissen auf mich zueilte, um mich, den unbekannten Dorfpastor zu begrüßen, weil es ja nicht schaden konnte, dem sich vorzustellen, der so untergehakt aus der Kirche kam. „Imagetransfer“ (4432/124) vorsichtshalber? Vermutlich ein geeignetes Erklärungsmuster.

In dieser Predigtreihe mit Anstößen des öffentlichen Richard von Weizsäcker, geplant auf seinen hohen, 95. Geburtstag zu, nun wird es eine Nach- und Weiterklang-Reihe – sie mag auf der anderen Lebensseite sein Herz erwärmen - streife ich einiges aus den fünf Phasen seines Wirkens: 1964 Präsident des Deutschen Evangelischen Kirchentages – bis 1970, ab 1969 Mitglied des Deutschen Bundestages, Vorsitzender der Grundsatzkommission der CDU, Bundespräsidenten-Kandidat, gewählt wurde Walter Scheel, stellvertretender Fraktionsvorsitzender, Bundestags-Vizepräsident, 1981 Regierender Bürgermeister von Berlin – und abermals Kirchentagspräsident, 1984 bis 1994 Bundespräsident, seither dann noch lange wacher wie erfahrener Zeitzeuge und Ratgeber, öffentlich wie vertraulich, an vielen Stellen engagiert.

Anstöße: Wahrscheinlich habe ich alles gelesen, was er seit fünfzig Jahren veröffentlicht hat. 1975, vor vierzig Jahren, hat der profilierte Bundestagsabgeordnete Richard von Weizsäcker einen Essay geschrieben, 29 Druckseiten umfassend, mit dem Titel „Die Krise als Chance“. Gleich zu Beginn mahnt Weizsäcker deutlich: „Auch in unserem von außen stabil erscheinenden Land gibt es keine Garantie dafür, dass uns die freiheitliche Demokratie erhalten bleibt" (1167/5). Es gehe um „die Einstellung der Menschen" (ebd), darum, dass wir nicht „Sinn und Ziel aus den Augen" (ebd) verlieren, auch nicht kurzatmig, von Wahlterminen getaktet, sondern „erkennbar über" (aaO/8) uns hinausdenkend und handelnd herausgefordert sind. Vier Themenbereiche stellt er genauer dar: „Grenzen des Wachstums" (aaO/7), „Krankes Gesundheitswesen" (aaO/10), Bildungspolitik sowie „Die Starken und die Schwachen" (aaO/17). Grundlegend gilt: „Der Mensch kann sich nicht selbst und allein verwirklichen und schon gar nicht allein mit materiellen Ansprüchen... Es gibt den freien Menschen nur in seinem sozialen Wesen" (aaO/25). Sogleich fügt Weizsäcker an: „Dies ist kein moralischer Appell und kein Glaubensbekenntnis, sondern eine Aussage über die menschliche Natur" (ebd). Jedoch: Diese seine Überlegungen zum Wesen des Menschen sind nicht fern vom Glaubensbekenntnis, sie widersprechen diesem keineswegs. Schon im Alten Testament findet sich die großartige Selbstvorstellungs-Formel Gottes. Luther übersetzt: „Ich werde sein, der ich sein werde" (Ex. 3, 14), der große Alttestamentler Gerhard von Rad weitaus genauer: „ich werde (für euch) dasein" (dass., 1150/194). So offenbart sich Jahwe, Gott, als intensive Zusage, als Beziehungs-Einladung. Und da wir – nach dem zweiten, vorgeschalteten Schöpfungsbericht als Ebenbilder Gottes geschaffen sind, erschließt sich uns und einander unser Wesen, unsere menschliche Natur darin, dass wir füreinander und für Gott da sind. Füreinander, indem wir erkennen: „Du sollst deinen Nächsten lieben wie dich selbst" (Lev. 19,18), so Luther, dasselbe mit Buber: „Halte lieb deinen Genossen, dir gleich" (dass., 1413/326). Wie du ist der andere Mensch, mit Stärken, mit Schwächen, mit Ängsten, mit Hoffnungen, ein soziales Wesen. Mensch unter Menschen und Mensch vor Gott. Füreinander, auch für Gott da sein, das ist wahrhaft menschlich. Natur- und schöpfungsgemäß. Gott-Ebenbildlichkeit hat für mich nichts mit optischer Ähnlichkeit zu tun, sondern mit Sozialbindung, mit dem Einstehen füreinander und für das Ganze. Auch auf der Linie der Jahreslosung 2015: „Nehmt einander an, wie Christus euch angenommen hat, zu Gottes Lob" (Röm. 15, 7). So können Glaube und Demokratie gute

Verbündete sein. Kirchentagspräsident und Bundespräsident, dies beides in einer Persönlichkeit, spiegelt etwas davon, was in weniger exponierten Positionen für uns alle gilt. Richard von Weizsäcker fragt 1975, zwischen solchen Präsidentschaften, worauf es denn künftig ankomme, und gibt drei Antworten: „1. Soziale Dienste… 2. Aktive Demokraten" (1167/25), „3. Selbstbeteiligung" (aaO/26). Zur Demokratie gehöre es, „das Mögliche und Zumutbare selbst zu tun, anstatt es von anderen machen zu lassen" (ebd). Hier ist Weizsäcker ganz nahe an Kennedys unvergessener Demokratie-Formel von 1961: „Fragt nicht, was unser Land für Euch tun wird – fragt, was Ihr für unser Land tun könnt" (11/34) – und dieser Gedanke geht bei Kennedy noch weiter: Fragt, „was wir gemeinsam für die Freiheit des Menschen tun können" (ebd) – und sein Schluss-Satz lautet: Dazu „erbitten wir Gottes Segen und Seine Hilfe, aber bleiben wir dessen eingedenk, dass Gottes Werk hier auf Erden wahrhaftig unser eigens sein muss" (ebd). Nun glaube ich als Lutheraner zwar nicht, dass Gottes Werk und unsere Werke dasselbe sind, doch dass beide Seiten letztlich zusammengehören, zusammen wirksam werden können, das glaube ich schon, dass Gottes Segenskraft gute Kräfte in uns stärken und freisetzen kann, aufeinander zu.

Dann schreibt Weizsäcker noch: „Die Motivation des Bürgers (wie der Bürgerin) ist eine politische Aufgabe. Misslingt sie, dann kann auf Dauer ein freies Gemeinwesen nicht bestehen" (1167/28). Freiheitserfahrung ist an Freiheitsgebrauch, an Freiheitsausübung gekoppelt. Wir sind, wenn uns an sozialer Orientierung liegt, darauf angewiesen, uns daran zu beteiligen. Nicht wenige geben vor, sehr genau zu wissen, woran es in Staat und Gesellschaft, in Kirche und Gemeinwesen krankt. Dies zu wissen jedoch reicht nicht, sondern fordert aktiv heraus, sich zu engagieren und sich an der Lösung von Problemen zu beteiligen. Probleme sind Aufgaben. Weizsäcker verweist darauf, und auch das habe ich gern von ihm gelernt, dass die Chinesen „ein und dasselbe Schriftzeichen für die Krise und für die Chance haben" (aaO/29). Dann reicht es also nicht, irgendwie verdrossen zu sein – und das sind furchtbar viele – ohne gleichzeitig beteiligt, engagiert zu sein, die Probleme zu lösen, die Chancen zu ergreifen und zu erweitern. Politikverdrossenheit, Kirchenaustritte,

„Pegida-Irrläufer“ (Hatice Kara) (HK I), weil nicht alles ideal ist, hat als Argument in Wahrheit ausgedient. Engagiere dich, obwohl auch Du nicht ideal bist. Gott braucht dich. Vergebungsbereit, erbarmungswürdig, wie Du bist, gleichwohl. Nicht Ideale, sondern Menschen hat Gott geschaffen. Jeder Mensch hat Potential, ist eine Chance, vermutlich mehr als eine. Darauf setzt gute Politik, demokratische Kirche, darauf setzt Gott.

Konkret: Frage Dich, wo Du gebraucht wirst. Dann ist Dir Glaube, auch Politik, nicht fremd. Glaube ist Lebensweise, Lebenseinstellung, Lebenspraxis. Politik ist ‚politeia‘, Bürgerrecht, bürgerliche Beteiligung. Kurzum: Bring‘ Dich ein! Nicht, weil daran das Heil hinge, sondern weil wir so geschaffen sind, füreinander da sein zu dürfen. „Nehmt einander an…“ (Röm. 15, 7). Amen.

Ostdenkschrift & 2. Kor. 5, 17-20

Im Kern ist christlicher Glaube Versöhnungsbotschaft. Dies stellt Paulus im 2. Korintherbrief ganz deutlich heraus. „Ist jemand in Christus, so ist er eine neue Kreatur; das Alte ist vergangen, siehe, Neues ist geworden. Aber das alles von Gott, der sich mit uns selber versöhnt hat durch Jesus Christus und uns das Amt gegeben, das die Versöhnung predigt. Denn Gott war in Christus und versöhnte die Welt mit sich selber und rechnete ihnen ihre Sünden nicht zu und hat unter uns aufgerichtet das Wort von der Versöhnung. So sind wir nun Botschafter an Christi Statt, denn Gott ermahnt durch uns; so bitten wir nun an Christi Statt: Lasst euch versöhnen mit Gott! Denn er hat den, der von keiner Sünde wusste, für uns zur Sünde gemacht, damit wir in ihm die Gerechtigkeit würden, die vor Gott gilt“ (2. Kor. 5, 17-20). Gewichtige Worte und Gedanken. Versöhnung ist der umfassende Gleichklang, das freiwillige, freudige Sich-Einlassen auf Gott – und gleichzeitig auf andere Menschen. Versöhnung meint, dass aus Fremden Nächste werden. Im Kern ist christlicher Glaube Versöhnungsbotschaft, also das Gegenteil von Abgrenzungsstreben oder dessen Steigerung, von unversöhnlicher Feindschaft oder von verstecktem bis offenkundigem Hass. Versöhnung hat eine persönlich-private und auch eine öffentliche Dimension. Umfassend hat Christus „unter uns aufgerichtet das Wort von der Versöhnung“ (2. Kor. 5, 19). Wenn nach ganz dunklen Zeiten der deutschen und europäischen Geschichte 1949 unser Grundgesetz „in Verantwortung vor Gott und den Menschen“ (4973/12), also mit Gottesbezug Demokratie gestaltet, dann heißt das konkret: Dieser Verantwortung werden wir gerecht, indem wir uns in die Versöhnungsbotschaft hineinstellen und sie mitgestalten, klar und offensiv gegen falsche Abgrenzungen. Ich bin auch deshalb für den Gottesbezug in der Verfassung, weil er unverfügbar Freiheit und Versöhnungsbotschaft gewährt, wobei mir die übergeordnete Grundgesetz-Präambel genügt, weil sie für alle Ebenen gilt.

Aus solcher „Verantwortung vor Gott und den Menschen“ (ebd) ist nach 1949 versöhnungsbereit in der Öffentlichkeit mindestens fünfmal ‚mehr Demokratie gewagt‘ worden (ich habe es immer als kühne Anmaßung empfunden, dass Willy Brandt dies 1969 in seiner ersten Regierungserklärung als Bundeskanzler für sich und seine Politik reklamiert hat). In Wahrheit hat es vorher mindestens fünf starke, demokratische Impulse gegeben, konkrete Versöhnungspolitik, und dabei meine ich nicht die aus Regierungen und Parlamenten, sondern Impulse aus der engagierten Öffentlichkeit. Vier will ich hier nur streifen, chronologisch, der Reihe nach. Vier demokratische Versöhnungswagnisse. Der erste wird am 5. August 1950 formuliert, ein Jahr nach der Verabschiedung des Grundgesetzes: „...wir verzichten auf Rache und Vergeltung... wir werden jedes Beginnen mit allen Kräften unterstützen, das auf die Schaffung eines geeinigten Europa gerichtet ist, in dem die Völker ohne Furcht und Zwang leben können“ (664/296) – Charta der deutschen Heimatvertriebenen, grundsätzlicher Versöhnungs-Impuls. Fast sieben Jahre später, am 12. April 1957 (vgl. 796/29f), wenden sich 18 Atomwissenschaftler an die Öffentlichkeit und erklären sich deutlich gegen Atomwaffen, darunter Otto Hahn, Werner Heisenberg und Carl Friedrich von Weizsäcker. – Vier Jahre darauf, 1961, veröffentlichen „acht Männer vor allem aus dem wissenschaftlichen Leben“ mit einem „Tübinger Memorandum“ (5092/178) einen Anstoß. Sie alle sind evangelisch und treten, um der Versöhnung willen, für ein damaliges Tabu-Thema ein, die „Anerkennung der neuen polnischen Westgrenze an Oder und Neiße“ (aaO/179). Zu den Unterzeichnern gehören wiederum Werner Heisenberg und Carl Friedrich von Weizsäcker, dazu Georg Picht, Ludwig Raiser (auch Präses der EKD-Synode), Hellmut Becker und Klaus von Bismarck, beratend im Hintergrund sind Bischof Hermann Kunst und für die Außenpolitik Richard von Weizsäcker beteiligt. – Dieser Strang setzt sich fort durch einen Impuls von katholischen Laien in Polen um Tadeusz Mazowiecki zu einem Brief der polnischen katholischen Bischöfe „an ihre deutschen Amtsbrüder...mit dem berühmten Satz: „Wir vergeben und bitten um Vergebung“ (aaO/183), 18. November 1965.

So wird um der Versöhnung willen mehr Demokratie in Europa, hier in Deutschland und Polen gewagt, und Richard von Weizsäcker hat recht mit seinem klaren Urteil:

„Die Vorreiter auf diesem Weg wurden die Kirchen und manche ihrer politisch engagierten Laien... Auf deutscher Seite fiel... der evangelischen Seite die wichtigste Rolle zu“ (aaO/182f). Die Dach-Ebene der Evangelischen Kirche (EKD) lässt nun eine Denkschrift ausarbeiten. Sie erscheint im Oktober 1965, also kurz vor dem Brief der polnischen Bischöfe, unter dem langen Titel: „Die Lage der Vertriebenen und das Verhältnis des deutschen Volkes zu seinen östlichen Nachbarn“ (614), kurz: Ostdenkschrift. Vorsitzender der EKD-Kammer für öffentliche Verantwortung, mit Mitgliedern aus Ost und West, ist damals Ludwig Raiser. EKD-Ratsvorsitzender ist der Berliner Bischof Kurt Scharf. Richard von Weizsäcker erinnert sich: „Die Ostdenkschrift gab Anlass zu heftigen Auseinandersetzungen, brachte am Ende aber bis tief hinein in die politischen Parteien einen entscheidenden Anstoß für die Entspannungspolitik vor allem im deutsch-polnischen Verhältnis“ (5092/181). Der hauptsächliche Nachholbedarf an Versöhnung in der Nachkriegszeit bezog sich vor allem auf die beiden großen Nachbarländer Frankreich und Polen. Während Anfang der 60-er Jahre Konrad Adenauer und Charles de Gaulle und andere vorbildlich vorangekommen sind in der deutsch-französischen Freundschaft, blieb das Verhältnis zu den polnischen Nachbarn eher abwartend. Mit der Ostdenkschrift der EKD wurde dann ein Impuls gesetzt, der verändernde Folgen hatte. Das Thema einer deutsch-polnischen Versöhnung stand nun deutlich auf der öffentlichen Tagesordnung und konnte von dort nicht mehr verdrängt werden. Seitens der EKD wurde eine kleine Delegation gebildet, die das Anliegen der Ostdenkschrift in die Parteien trug, eine Dreier-Delegation, bestehend aus dem Ratsvorsitzenden, Bischof Kurt Scharf, dem Mitverfasser und Synoden-Präses Ludwig Raiser und dem Kirchentagspräsidenten Richard von Weizsäcker. 1967 legte die EKD nach, indem sie eine zweite Denkschrift folgen ließ: „Friedensaufgaben der Deutschen“, ausgearbeitet von Erhard Eppler (SPD), damals Bundestagsabgeordneter, ab 1969 Bundesminister, und Richard von Weizsäcker (CDU), Kirchentagspräsident, Kirchen- und Bundespolitiker. Man hat die beiden, Eppler und Weizsäcker, gelegentlich „Brüder im Grundsatz“ (aaO/185) genannt. Es ist das Verdienst von

Bundeskanzler Willy Brandt, später mit Egon Bahr und anderen die sogenannte Ostpolitik eingeleitet zu haben. Erfunden hat er sie nicht. Sie verdankt sich Impulsen aus der Öffentlichkeit jenseits des angestammten Politik-Betriebes, führend aus der evangelischen Kirche, oder schlicht: Aus der Versöhnungsbotschaft, die konsequent wahrgenommen wird. Gern hat sich Richard von Weizsäcker seiner „politischen Mitarbeit in kirchlichen Gremien“ (aaO/186) erinnert. Bis zur Wahl zum Bundespräsidenten 1984 hat er dem Rat der EKD, dem höchsten Leitungsgremium für lange Jahre angehört. Hier hat er große Erfahrungen gesammelt und eingebracht. Auch in seinen politischen Ämtern in Bonn und Berlin ist die Versöhnung mit Polen eines seiner großen Themen geblieben, nicht zuletzt, sondern zuerst: ein kirchenpolitisches – und damit auch ökumenisches. - Es soll nicht vergessen werden: Die Ostdenkschrift der EKD von 1965 und die Ostpolitik von der Regierung Brandt/ Scheel bis zur Deutschen Einheit mit der Regierung Kohl/ Genscher einschließlich der Anerkennung der Oder-Neiße-Grenze gehören zusammen. Sie bilden ein starkes Versöhnungs-Kapitel gegenwärtiger Geschichte. Und der Bundespräsident der Einheit, Richard von Weizsäcker, gehört zu den entscheidenden Vordenkern dieser Versöhnungspolitik. Mehr noch: Mit Recht hat Außenminister Steinmeier beim Staatsakt vor wenigen Tagen gewürdigt, dass Weizsäcker aktiv „den Ostverträgen im Bonner Bundestag auf den Weg half“ (FWSt, 2).

In der Ostdenkschrift 1965, zwanzig Jahre nach Kriegsende, heißt es wörtlich: „Der zentrale Gedanke der Versöhnung entbindet mit einer gewissen Dynamik den Willen zur Neugestaltung der politischen Zukunft“ (4032/119) – und: Zunächst werde es darauf ankommen, „im deutschen Volk selbst und nach außen eine Atmosphäre zu schaffen, in der dann auch in einzelnen Schritten Akte der Versöhnung mit den östlichen Nachbarn möglich werden“ (aaO/126). Versöhnungsbotschaft, Versöhnungspraxis – gegen Verhärtungen an. Konzeptionell, in Grundfragen können aus Impulsen des Evangeliums versöhnungsbereite, zukunftsstiftende Friedensbeiträge werden. Und ich sehe eine deutliche Linie vom Mut der

Ostdenkschrift der EKD hin zu Kerzen und Gebeten, als vor 25 Jahren Bürger ihre Angst ablegten und friedlich die Mauer zu Fall gebracht haben.

Lasst euch versöhnen: mit Gott, mit den Menschen. Versöhnung öffnet Zukunft. Dies können wir alle bezeugen. Nehmen also wir selbst dies hinein in unsere eigene Grundüberzeugung, vielleicht auch ein Stück weit als Vermächtnis des Richard von Weizsäcker, einem Großen, von dem diese Welt am letzten Mittwoch mit einem großen Staatsakt würdig Abschied genommen hat. Lasst euch versöhnen: mit Gott, mit den Menschen. Amen.

Kirchentag Einheit & Eph. 2, 15

Jemand hat einmal für ältere Menschen und ihre Vergesslichkeit die Formel gefunden, das Gedächtnis würde mit zunehmendem Alter eben wählerisch. Mir scheint, dies gelte genauso auch geschichtlich. Der Einfachheit halber verbindet man Besonderheiten, auch Epochenwechsel mit Namen: So die Westbindung unseres Landes nach dem 2. Weltkrieg mit Adenauer, die Ostpolitik mit Brandt (vielleicht noch mit Bahr), die Deutsche Einheit mit Kohl (vielleicht noch mit Genscher). Doch so einfach (man könnte auch sagen: simpel) liegen die Dinge nicht. Dass die Ostpolitik aus dem Vordenken seitens der Evangelischen Kirche kam, habe ich bereits herausgestellt. – Zumindest die jeweilige Vorgeschichte gehört stets dazu. Es schmälert den historischen Anteil der Hauptbeteiligten keineswegs, wenn man hier weniger wählerisch wird und an wichtige Zusammenhänge erinnert. Demokratie ist ja keineswegs zusammenhangslos, im Gegenteil. Sie setzt sich aus vielen Beteiligten zusammen. Dies zu wissen und zu beachten ist es gutes Mittel gegen verklärende Überhöhungen, wie sie Parteigänger der jeweiligen Hauptfiguren nicht selten pflegen. Wertschätzende Achtung gern, verklärende Überhöhungen aber nicht. Da halte ich es lieber mit evangelischer Nüchternheit und demokratischer Zurückhaltung – und bin skeptisch, wenn Erinnerungsbände dem jeweils eigenen Denkmal verpflichtet erscheinen.

Zur Vorgeschichte der Deutschen Einheit gehört für mich unbedingt die Klammer der gepflegten Zusammengehörigkeit der Evangelischen Kirche in Deutschland, stark über Teilung und Mauerbau hin. Stets ist das Band der Gemeinsamkeit gepflegt worden. Aktiv habe ich mich im bescheidenen Rahmen meiner eigenen Möglichkeiten daran überzeugt seit Studentenzeiten beteiligt und mich dafür lebhaft interessiert. Kerngebiete des Luthertums und der daraus blühenden Kirchenmusik-Kultur waren immer schon Thüringen und Sachsen. Über Jahre habe ich in der Meißner Kantorei überregional mitgewirkt, Freundschaften gepflegt, Gedanken-Austausch – und immer wieder, ob erlaubt oder nicht, freimütig in der DDR gepredigt. - Meinen ersten Brief von Richard von Weizsäcker, 1964 bis 1970 Präsident des Deutschen Evangelischen Kirchentages, wohlgemerkt: gesamtdeutsch gewählt!) bekam ich am 17. Mai 1977: Er dankt mir für einen Brief vom 8. Mai (seltsam: genau acht Jahre vor seiner wohl berühmtesten Rede) und erklärt mir, weshalb er sich dagegen wendet, nach der aufsehenerregenden Selbstverbrennung von Pastor Oskar Brüsewitz in der DDR dessen Signal „...im Westen unter ganz anderen Umständen politisch und parteipolitisch" (RW I) nutzen zu wollen. Brüsewitz habe „im Namen und für die Zukunft seiner Kirche in der DDR gehandelt" (ebd). Weizsäcker war auch mir von Stund' an ein profunder Kenner und Orientierungs-Ratgeber. Unser 1977 begonnener Gedankenaustausch hat bis in den Dezember 2014 angehalten, im Laufe der Jahre immer freundschaftlicher. - In der Bonner Politik rückt Weizsäcker schnell nach vorn, gefragter Debatten-Redner, wird 1979 Bundestags-Vizepräsident, 1981 Regierender Bürgermeister von Berlin, an dieser Nahtstelle von Deutschland- und Außenpolitik, und ab 1984 Bundespräsident für ein Jahrzehnt, so auch erster Präsident im wiedervereinigten Deutschland.

Eine besonders denkwürdige Begebenheit rufe ich heute in Erinnerung. Seitens der Kirche in der DDR gab es einen besonderen, diplomatisch geschickt eingefädelten Plan: Im Herbst 1983 - im 500. Geburtsjahr Martin Luthers, im Zuge einer damals angestrebten "Neubewertung der deutschen Geschichte" (6502/428) durch die DDR-Führung, nämlich Luthers, Preußens, auch des konservativen Widerstandes gegen Hitler, sollte es für den evangelischen Regional-Kirchentag in Wittenberg zu einer Einladung kommen, es möge auch jemand von der westdeutschen EKD-Spitze dort zur Menge sprechen. Wer? Das wurde für eine Weile offengelassen. In Wahrheit war die gemeinsame, west- wie ostdeutsche Wahl hierfür mit Bedacht längst auf ein langjähriges EKD-Ratsmitglied gefallen, das selbst lange in der Kirchentagsarbeit führend war, dazu kirchlicher Vordenker der Ostpolitik, jetzt gerade wieder Kirchentagspräsident seit Hamburg 1981, zugleich und vor allem Regierender Bürgermeister von Berlin, also wie kein zweiter Redner an dieser Stelle geeignet, außerdem stand schon seine Kandidatur für das höchste Staatsamt der Bonner

Republik erneut und jetzt erfolgversprechend an, eben: Richard von Weizsäcker. Ihn konnte die DDR-Führung, die einer EKD-Rede schon vorab generell zugestimmt hatte, schlechterdings nicht ausladen. Was Richard von Weizsäcker dort in Wittenberg am 24. September 1983 gesagt hat, hat mich schon damals sozusagen elektrisiert. Es ist dies, erstaunlich wenig bekannt und in Nachrufen nicht ausgewertet, eine seiner ganz großen, bedeutsamen Reden, und seine berühmte Rede zum 8. Mai 1985 enthält Zitate aus dieser. So hebt er an, mit einem Bibel-Zitat: "Christus ist unser Friede, der aus beidem eines hat gemacht und hat abgebrochen den Zaun, der dazwischen war, nämlich die Feindschaft" (Eph. 2, 15). Nach diesem damals und dort atemberaubend kühnen, - oder sollte ich besser sagen, atemgebend kühnen? - Auftakt führt Weizsäcker nüchtern aus, es diene dem Frieden nicht, "einfach alles so zu lassen, wie es heute ist... zum Frieden gehört, sich gegenseitig nicht festzunageln auf konfrontativen Äußerungen, die es auf jeder Seite gibt. Besser ist es, an positive Ansätze der anderen Seite anzuknüpfen, die es auf beiden Seiten auch gibt" (RW II, 4). Und dann gibt es bei Weizsäcker eine predigthaft-tiefe Passage, die dort galt und die immer gilt: "Es ist überhaupt kein Triumph, wieder einmal beweisen zu können, der Gegner sei und bleibe so verstockt wie stets. Man habe es ja immer gewusst. Hinter einer solchen Haltung verbirgt sich in Wahrheit nur das Bedürfnis, sich den Gegner stets als Gegner zu erhalten, damit man sich auch selbst nicht zu korrigieren braucht. Sondern manchmal kann man diesen Gegner auch / positiver und besser verstehen, als er es selbst schon kann und tut. Dann kann man sich auch selbst besser korrigieren" (aa0/4f). - Weizsäckers Schluss-Passage:".. wir sollten uns hüten vor einer sicherheitspolitischen Besessenheit zwischen Ost und West. Es geht... um friedliche Beziehungen und Zusammenarbeit auf allen Gebieten zwischen Ost und West"... "Wenn wir Armut und Hunger in der Welt lindern helfen, wenn wir zur Gerechtigkeit überall beitragen, erst dann helfen wir wirklich, den Weg zum Frieden zu ebnen. Es geht um einen menschengerechten Frieden. Lasst uns handeln und nicht verzweifeln. Lasst uns um Vergebung bitten, wo wir scheitern. Lasst uns gegen unsere Schwachheit hoffen und vertrauen" (aa0/6). Es wird hier nicht nur klug geredet, sondern vor allem auch Zusammengehörigkeit empfunden und demonstriert. Dieser Ansprache in der Kirche folgt unmittelbar eine anschließende auf dem Marktplatz - "vor über zehntausend Deutschen aus der DDR" (5092/271), Neuland, auf DDR-Seite mit durchgesetzt von Manfred Stolpe, damals Konsistorialpräsident beim Ev. Kirchenbund der DDR. Innerdeutsche Tauwetter-Anzeichen, verheißungsvoll mit Impulsen in Richtung Frieden und Freiheit. 1983 – im Lutherjahr. Unmittelbar vor den Reden war Weizsäcker auch dabei, als „im Hinterhof des… Melanchthonhauses …Pfarrer Schorlemmer am offenen Feuer ein Schwert in ein friedliches landwirtschaftliches Gerät umzuschmelzen sich bemühte" (aaO/272). - Ist es zu kühn, wenn ich die stille Hoffnung hege, dass das nächste Lutherjahr, 2017 – uns weiterbringen möge in der Freiheit, gemeinsam Gott zu bezeugen, zukunftsträchtig: Evangelisch wie katholisch und orthodox, jüdisch wie islamisch und alevitisch? Hoffend weiß ich, dass jede gute Gabe - wie Freiheit - zugleich eine herausfordernde Aufgabe bedeutet, eine Verpflichtung, die Verantwortung herausfordert. Freiheit und Verantwortung sind Zwillinge, sage ich gelegentlich, und Weizsäcker hat diese Formel sehr geschätzt. Vor allem ist Freiheit ein Gottesgeschenk, in Richtung Einheit und Einigkeit voranzukommen, die alten Zäune zu überwinden. Amen.

Kirchentag Identität & 2. Tim. 2, 22

Hierzulande gibt es einen politisch-gesellschaftlichen Mythos, im Nachkriegsdeutschland habe es zunächst eine zutiefst muffig-angepasste Zeit gegeben, bis mit den 68-er, mit der Studenten-Bewegung frischer Wind, Freiheit, Demokratie und die Aufarbeitung der Nazi-Vergangenheit auf die öffentliche Tagesordnung gekommen seien. Für einen 68-er habe ich mich nie gehalten. Mein politisches Interesse hat prägend begonnen mit der Kennedy-Ära und ihrem jähen Ende 1963: „Fragt, was ihr für unser Land tun könnt… (Fragt), was wir gemeinsam für die Freiheit des Menschen tun können“ (11/34). Die Rückkehr Deutschlands in die Völkerfamilie als eine westliche Demokratie mit sozialer Marktwirtschaft hat es vorher gegeben, mit Adenauer und Erhard. Westbindung heißt der eine Flügel, der andere Ostpolitik, vorgedacht – kurz gesagt und in dieser Reihe dargestellt – in den Reihen der Evangelischen Kirche hierzulande sowie seitens der polnischen katholischen Bischöfe. Zukunft fußt auf Erinnerung, auf aufrichtige Erinnerung. Auch diese setzt nicht erst mit den 68-ern ein. Ich erinnere nur an die Weg-weisende Rede zum 10. Jahrestag des 20. Juli 1944 von Bundespräsident Theodor Heuss, „Dank und Bekenntnis“ (1849) von 1954. „Das Vermächtnis ist noch in Wirksamkeit, die Verpflichtung noch nicht eingelöst“ (aaO/15). Viele wissen, dass ich an diesem Kapitel auch theologisch fortlaufend weiterarbeite. Klar ist: Neben der Hitler-Gefolgschaft hat es ein anderes Deutschland gegeben, gottlob. Und 1958 haben die Vor-Anstrengungen für den ersten Auschwitz-Prozess 1963 gegeben, um den couragierten Generalstaatsanwalt Fritz Bauer herum. Ein starker Film, 2014, widmet sich diesem wichtigen Kapitel: „Im Labyrinth des Schweigens“. Rechtsstaatliche Selbstreinigung, gegen Widerstände an, wohlgemerkt: Sie ist seit spätestens 1958 wirksam, mithin zehn Jahre früher als ein Mythos der 68-er datiert. Und zu den Geistesgrößen bei uns gehören in den ausgehenden 50-er und frühen 60-er Jahre längst die Weizsäckers. Carl Friedrich von Weizsäcker als Universalgelehrter, und Richard von Weizsäcker als Kirchentagspräsident, 1964 gewählt, beim Kirchentag 1965 in Köln führend aktiv. Zwanzig Jahre später, und genau einen Monat nach seiner großen Rede zum 8. Mai, spricht Richard von Weizsäcker als Bundespräsident über „Die Deutschen und ihre Identität“, am 8. Juni 1985 auf dem Kirchentag in Düsseldorf. Ich bin, voll frischer Zustimmung für die 8.Mai – Rede, dabei – als junger Pastor, mitverantwortlich für die „Halle der Stille“, ökumenisch getragen von der Ansverus-Kommunität Aumühle und der Benediktiner-Abtei Meschede. Und zu meiner persönlichen Vorgeschichte gehört, dass Richard von Weizsäcker mich drei Tage zuvor nach einem Eröffnungs-Gottesdienst mit dem Ostberliner Bischof Gottfried Forck direkt angesprochen und auf einem längeren Fußweg von der Kirche zum Eröffnungsplatz befragt hat nach meinen Einschätzungen zu politisch-geschichtlichen Themen im Zusammenhang von kirchlicher Jugendarbeit. Für mich ein Schlüsselerlebnis. Antje Vollmer hat es beim Staatsakt so gesagt: Weizsäcker „war nicht allezeit auf Sendung, er war auf Empfang... ein Zuhörer von großer Intensität, und ohne jedes Vorurteil. Deswegen konnte der den fast magischen Punkt treffen, an dem alle sich den Bleilasten der Vergangenheit stellen konnten, um doch auf eine europäische Zukunft von freien Menschen in einem innerlich und äußerlich freien Kontinent zuzugehen“ (AV, 1). Das spricht mir aus dem Herzen und ins Herz, das trifft genau meine Erfahrung – und ich bin froh, wenige Tage später mit Antje Vollmer und Karl Wilhelm von Plettenberg darüber gesprochen zu haben. Mein Erlebnis: Das Staatsoberhaupt fragt mich, so können wir „Demokratische Leidenschaft“ (6021) teilen, und so fängt dann sogar eine mich beglückende freundschaftliche Nähe an zu wachsen. – Dies noch: Zum Hauptvortrag seines Bruders ist am Vormittag auch Carl Friedrich von Weizsäcker dabei; am Nachmittag dieses Tages wird er seinen berühmten Aufruf zum „Konzil des Friedens“ (2997/585) einbringen.- Jetzt am Samstag-Vormittag des Düsseldorfer Kirchentages geht es um deutsche Identität. Meine eigene hat sich in dieser Hinsicht bereits stark mit Weizsäckers Rede zum 8. Mai verbunden. Richard von Weizsäcker erklärt zunächst, Identität sei „zunächst die Frage danach, wie man sich selbst versteht“ (2921/39), und also „eine ganz persönliche Angelegenheit“ (ebd). Es sei „aber auch die Frage, wie man sich anderen verständlich machen kann“ (aaO/40) – und auf dieser Linie sei unser „Deutschsein… eine Aufgabe“ (aaO/41). „Wir sind mitverantwortlich, unserem Deutschsein einen Inhalt zu geben“ (ebd) – denn „wenn ein Volk nicht weiß, wie es zu seiner Vergangenheit steht, dann kann es in der Gegenwart leicht stolpern“ (aaO/44). Ökumene steht auf der Tagesordnung, Kultur, Wissenschaft. Und: „Wir haben Erfahrungen von Diktatur, Krieg und Unrechtsstaat wie kaum ein an-/deres Volk… Je klarer wir die Erinnerung wahren, je unzweideutiger wir die Verantwortung für die Folgen tragen, … desto besser sind wir uns selbst und unseren Nachbarn verständlich“ (aaO/49f). Und sehr klar stellt Weizsäcker heraus: „Die Menschen in der DDR.. sind… Deutsche wie wir“ (aaO/52) – und er fügt an: „Die Teilung Deutschlands zu beenden, setzt voraus, dass die Teilung Europas überwunden werden kann“ (ebd) – und „Die deutsche Frage ist so lange offen, als das Brandenburger Tor zu ist“ (aaO/54). Dann knüpft Weizsäcker deutlich an seine Rede in Wittenberg „im Lutherjahr 1983“ (aaO/56) an und wirbt für den Frieden mit außerordentlich klugen Überlegungen: „Zum Frieden gehört es, sich gegenseitig nicht festzunageln auf Äußerungen, die der Konfrontation dienen und die es auf jeder Seite gibt. Besser ist es, an positive Ansätze der jeweils anderen Seite anzuknüpfen. Es ist überhaupt kein Triumph, wieder einmal beweisen zu können, der Gegner sei und bleibe so verstockt wie stets… Hinter einer solchen Haltung verbirgt sich in Wahrheit das Bedürfnis, sich den Gegner als Gegner zu erhalten, damit man sich selbst nur ja nicht zu korrigieren braucht. Manchmal kann man seinen Gegner besser verstehen als dieser sich selbst. Dann kann man sich selbst auch besser korrigieren“ (aaO/58). Im 2. Timotheusbrief heißt es: „Jage nach der Gerechtigkeit, dem Glauben, der Liebe, dem Frieden mit allen, die den Herrn anrufen aus reinem Herzen“ (2. Tim. 2, 22). Heute höre ich hier den Auftrag zum Religions-Frieden mit heraus.-

1985 hat Weizsäcker zum Schluss seiner Überlegungen an einen zuversichtlichen Auftrag erinnert, den der französische Dichter Paul Claudel „nach dem Ende des Zweiten Weltkrieges“ (2921/60) formuliert so hat: „Deutschland ist nicht dazu da, die Völker zu spalten, sondern sie zu versammeln. Seine Rolle ist es: Übereinstimmung zu schaffen – all die unterschiedlichen Nationen, die es umgeben, spüren zu lassen, dass sie ohne einander nicht leben können, dass sie aufeinander angewiesen sind" (ebd) – und Weizsäcker fügt hinzu: „Der Mensch ist frei. Es ist unsere Sache, dem Begriff „deutsch" einen Inhalt zu geben, mit dem wir selbst und mit dem die Welt gern und in Frieden leben können" (ebd). Doch wer hätte am 8. Juni 1985 ernsthaft geahnt, dass dieser Bundespräsident schon gut fünf Jahre darauf, am 3. Oktober 1990 unter Glockengeläut in Berlin eine neue Passage anfügen würde, um 0 Uhr vor dem angeleuchteten Reichstagsgebäude: „In freier Selbstbestimmung wollen wir die Einheit und Freiheit Deutschlands vollenden. Für unsere Aufgabe sind wir uns der Verantwortung vor Gott und den Menschen bewusst. Wir wollen in einem vereinigten Europa dem Frieden der Welt dienen" (4404/66). Drei historische Sätze. Das genügt. Mehr ist dort nicht zu sagen: Einheit, Freiheit, Verantwortung, Frieden – mit europäischer Perspektive und Gottesbezug. Wenn's wirklich wichtig wird, ist dieser grundwichtig, denn der Gottesbezug schafft Freiraum, wenn es um's Ganze geht.

„Jage aber nach der Gerechtigkeit, dem Glauben, der Liebe, dem Frieden mit allen…" (2. Tim. 2, 22). In der Mitte Europas gilt es hier besonders weitreichend, diesem Impuls zu folgen. Frieden, um unserer selbst willen, um der Menschen willen, um Gottes willen. Dafür brauchen wir keine Extreme, weder in Parteien noch in Ideologien, keine Irrläufer, dafür brauchen wir die Gabe, „Übereinstimmung zu schaffen" (2921/60) – im Ernst und in dankbarer Zuversicht. Dann sind wir auch mit uns selbst stimmig eins. Amen.

20. Juli 1944 & Act. 5, 29

Der 20. Juli 1944, das Datum des Widerstandes gegen die Hitlerei, da zutage kam, dass es Alternativen gegeben hat, ein anderes Deutschland. Nicht alle haben „Heil“ geschrien, sondern einige haben das Unheil erkannt und bekämpft, haben Widerspruch geübt und Widerstand geleistet.

Der 20. Juli 1944 und Richard von Weizsäcker – wie passt, wie gehört dies zusammen? Ich finde, vierfach. Erstens war sein Vater Mentor des Widerstandes als Staatssekretär im Auswärtigen Amt. Ich weiß, dass nicht wenige aus Forschung und Widerstandsfamilien dies anders einschätzen oder unterschätzen. Mich ficht das nicht an, denn meine Kenntnisse sind gründlich recherchiert und verdanken sich u.a. intensiven Gesprächen, die ich mit der anderen gegenüber scheu zurückhaltenden Tochter des damaligen Abwehr-Chefs, Admiral Canaris, geführt habe – und nur führen konnte, weil ich Weizsäcker als Mentor des Widerstandes ansehe. Zweitens gehörte Richard von Weizsäcker als Adjutant zu einem Regiment, das besonders ausgeprägt Widerständler hervorgebracht hat – viele hat er gekannt, mit einigen war er sehr befreundet, und seine eigene Haltung bewegte sich auf dieser Linie. Drittens hat er seit der Verteidigung seines Vaters, urteilsklar freimütig und öffentlich das Erbe des Widerstandes überzeugend weitergetragen und gepflegt. Viertens, und das war Teil meiner besonderen Verbundenheit zu ihm, stand er manchen, auch mir, als Zeitzeuge und als wichtiger Resonanzgeber zur Seite. Mein anhaltendes Wachhalten dieses Themas, überhaupt das Format „Biographische Predigt“ hat auch mit seiner stetigen Ermutigung zu tun.

Der 20. Juli 1944: Für viele, viele Widerständler ein Gewissens-, ein Glaubensakt: „Man muss Gott mehr gehorchen als den Menschen“ (Act. 5, 29) – oder, um ein kleines Wort verkürzt, dadurch noch prägnanter in der Übersetzung von Carl Weizsäcker, dem Urgroßvater: „Man muss Gott mehr gehorchen als Menschen“ (dass., 132/208). Wer immer diesem Gebot folgt, wird einen Freiraum entdecken – und Zwang, Nötigung, Anpassungsdruck um dieses Freiraumes willen verweigern.

Gott mehr zu gehorchen macht uns weniger verfügbar, weniger verbiegbar, eben eigenständiger. Immer habe ich Richard von Weizsäcker auf dieser Linie als einen wirklichen Freiherrn empfunden, etwa auch Parteizwängen gegenüber.

„Gott mehr gehorchen als Menschen" (Act. 5, 29). Gegen die Nazi-Diktatur haben beherzte Männer – und auch Frauen – damit ernst gemacht, nicht nur eine ganz kleine Clique. Richard von Weizsäcker hat 1964 in der Evangelischen Akademie in Ostberlin Zahlen genannt. Nach dem 20. Juli „wurden insgesamt rund siebentausend Verhaftungen vorgenommen und nicht ganz fünftausend Menschen hingerichtet, soweit sie sich nicht selbst das Leben nahmen" (2548/25); wieder veröffentlicht 1983. Dies zeigt eine realistische Größenordnung an. Es war keine nur ganz kleine Clique am Widerstand beteiligt, und immer noch und neu werden Widerstandsbeteiligte – Einzelne wie Gruppen – durch Forschungen, durch Zufälle, durch späte Zeugnisse entdeckt. Es hat keinen massenhaften, jedoch verzweigten, nicht unbeträchtlichen Widerstand gegeben. Unmut und Widerspruch noch mehr. Die 41 oder 42 Attentate auf Hitler sind die Spitze – vielleicht nicht eines Eisbergs, jedoch eines anderen, z. B. auf Glaube, Freiheit und Zivilisation fußenden Deutschlands.

Der Vater, Ernst von Weizsäcker, war Diplomat, zeitweise Staatssekretär im Auswärtigen Amt – und kein Hitler-Gefolgsmann. Er „entschied sich nach langen Beratungen mit Beck, Canaris, Dohnanyi und anderen später hingerichteten Verschwörern, im Dienst zu bleiben und in verantwortlicher Stellung kriegsverhütend auf den Kurs des Dritten Reiches einzuwirken" (aao/21). 1938 ist dies, gegen Hitlers Willen, gelungen. Dann nicht mehr. Richard von Weizsäcker vermerkt: „Niemand wusste am Ende genauer als mein Vater, dass und warum er gescheitert war" (ebd). Im Widerstand – und in der Regierung. Doch wirkungsvoller als die damalige Regierung, Kabinetts-Sitzungen gab es nicht, agierte Hitler zumeist mit seinen konkurrierenden Gefolgsleuten direkt.

Zum amerikanischen Militärgericht in Nürnberg sind damals gemeinsam drei befreundete junge Leute gefahren, um der schrecklichen „Wahrheit" der Nazi-Zeit direkter „ins Auge" (6021/56) zu schauen: Marion Gräfin Dönhoff – mit eigenen Verbindungen zum Widerstand, der Hitler-Attentäter Axel von dem Bussche und Richard von Weizsäcker. Als später sein Vater dort angeklagt wurde – eigentlich von der falschen Seite – wurde der Sohn Richard Hilfsverteidiger - und dabei zugleich ganz intensiv ausgebildeter Zeitzeuge. Er schreibt: „Die Zielrichtung des 20. Juli 1944 wurde und blieb prägende Grundlage im Reifeprozess meiner Generation und des Freundeskreises, in dem ich seither gelebt habe" (2548/22). Als Adjutant hatte Weizsäcker im berühmten Potsdamer Infanterie-Regiment 9 gedient, der vielen Adeligen wegen kurz ‚Graf 9' genannt. Kein anderes Regiment hatte so viele Widerständler hervorgebracht. Sein älterer Bruder Heinrich ist am zweiten Tag des Polenfeldzuges gefallen; der jüngere hat ihn mit begraben – ein einschneidendes Erlebnis. Und wes Geistes Kind Richard von Weizsäcker war, zeigte sich vollends, als „eines Abends im Regiment eine Gruppe von sieben jungen Offizieren sich in vertrauter Runde in der ablehnenden Diskussion um Hitler derart erhitzt, dass einer seine Pistole zieht und auf das Führerbild schießt. Ein brandgefährlicher Augenblick, Sekunden lähmender Stille. Was nun? Der... Regimentsadjutant Richard von Weizsäcker, stilsicher und entscheidungsklar schon damals, folgt dem Beispiel und gibt aus, das sollten sie alle tun – Verrat unmöglich, Situation souverän gerettet. Sieben Einschüsse. Weizsäcker wirft das Hitlerbild ins Kaminfeuer, es ist ja kaputt. Als Axel von dem Bussche meint, „Na, Richard... Du hängst einfach einen neuen Adolf hin", gibt der (schlagfertig) zurück: „Es gibt nur einen Führer" (4729/289). „Geistesblitze gegen braunen Ungeist" (7998/49) – und neben Bussche ist auch Klausing dabei, enge Freunde, die sich direkt am Widerstand beteiligen, Klausing als Adjutant Stauffenbergs. Bussche überlebt und bleibt zeitlebens ein besonders enger Freund dieses Weizsäckers.

An der Würdigung des Widerstandes hat Richard von Weizsäcker sich öffentlich beteiligt – nach dem Ostberliner Akademie-Vortrag von 1964 immer wieder – und dort stellt er als Leitmotiv heraus: „Sie handelten in Verantwortung vor ihrem Gewissen, vor Gott“ (2548/42). Als Regierender Bürgermeister hat sich Weizsäcker für die Gedenkstätte im Berliner Bendlerblock engagiert. 1984 – wenige Tage nach Amtsantritt als Bundespräsident, und es ist das erste Mal, dass er im Berliner Amtssitz Schloss Bellevue Gäste begrüßt, hebt er zum 40. Jahrestag des Attentats zwei Klarheiten hervor. Einmal: „Das Gewissen ist persönlich, nicht kollektiv“ (3270/50). Dann: In der Folge der Gewissensentscheidungen habe es Beteiligte „zu einer geistigen Kraft im Leben geführt…(und) sie befähigt, ihr Leben nach dem Wesentlichen zu orientieren“ (aaO/51). „Man muss Gott mehr gehorchen als Menschen“ (Act. 5, 29; 132/208). Auch in der Rede zum 8. Mai 1985 wird der Widerstand gewürdigt. Beim Staatsakt für Weizsäcker hat Antje Vollmer gesagt: „Manchmal hatte ich den Eindruck, die toten Freunde (aus dem Widerstand) begleiteten ihn ein Leben lang – und er hörte ihnen zu“ (AV, 2) – und mit mir sprach er vertraut-intensiv über sie. Am 19. Juli 2004 waren Richard von Weizsäcker und ich dabei, als in der Berliner Matthäus-Kirche Freya von Moltke sprach, über Kreisau, über das Erbe des Widerstandes und die Bedeutung für die deutsch-polnische Aussöhnung. Und als sich die Reihen nach der Veranstaltung lichteten, hatten wir beide noch ein unvergessliches Vieraugen-Gespräch, um diese Geschichtsdaten – 20. Juli und 8. Mai.

Zum 20. Juli hat Richard von Weizsäcker 1980 gesagt: „Was fortwirkt, sind nicht historische Zusammenhänge oder politische Berechnungen bei den Verschwörern, sondern ihr Charakter, ihr Gewissen und ihre Tat“ (6672/174). In der Tat, und dahinter steht dieser Zuspruch: „Man muss Gott mehr gehorchen als Menschen“ (Act. 5, 29; 132/208) – und genau daraus entsteht Freiheits-Raum. Immer. Amen.

Die politische Kraft der Kultur & Ps. 8, 5-7a; Ps. 139, 9f

„Kultur ist das eigentliche Leben“ (3653/8), stellt Richard von Weizsäcker als Bundespräsident in einem kulturpolitischen Band eingangs klar, der drei Jahre nach Beginn seiner ersten Amtszeit einige seiner Beiträge zu diesem Themenfeld zusammenfasst. „Kultur ist kein Vorbehaltsgut für Eingeweihte, sie ist viel mehr unser aller Lebensweise“ und „folglich auch die Substanz, um die es in der Politik geht. Dies gilt für den eigenen engeren Lebensbezirk, aber auch im Verhältnis der Völker untereinander... In der Begegnung mit der Kultur anderer Völker erkennen wir die menschliche Verwandtschaft mit ihnen. Indem wir den anderen kennenlernen, begegnen wir uns selbst. Wer die Kultur des Nachbarn begreift, hört auf, in ihm einen Fremdling oder gar einen Feind zu sehen“ (ebd). Weizsäcker zeigt und entfaltet einen breiten, kundigen, vertiefenden und versöhnenden Kultur-Ansatz. Er weist auf die Kultur als „unentbehrliche humane Quelle...“ (aaO/9) hin und erweist sich als höchst präsenter, kultivierter Politiker, stets neugierig in Sachen Kultur. Auch aus diesem Hintergrund liegt Antje Vollmer mit ihrem starken Diktum zur Trauerfeier genau richtig, Weizsäcker sei nicht dauernd auf Sendung gewesen, sondern „ auf Empfang“ (AV, 1). Weizsäcker hat nicht den eher naiven bildungsbürgerlichen Optimismus geteilt, Kulturpflege mache den Menschen gut. Nein, wir Menschen sind in den seltensten Fällen nur gut und kultiviert, wir bleiben gefährdet, verstrickt in Verhängnis, Schuld, Gewalt, Unfrieden, Missverständnis, Missgunst, in vielerlei Begrenztheiten. Wir schwanken zwischen Höhen und Tiefen, zwischen Rohbau und Verfeinerung. In der Hochsprache der Psalmen klingt dies seit über dreitausend Jahren so: „Was ist der Mensch, dass du seiner gedenkst, / und des Menschen Kind, dass du dich seiner annimmst? // Du hast ihn wenig niedriger gemacht als Gott, / mit Ehre und Herrlichkeit hast du ihn gekrönt / Du hast ihn zum Herrn gemacht über deiner Hände Werk“ (Ps. 8, 5-7a). So in Martin Luthers Übersetzung, oder in der Martin Bubers: „„...was ist das Menschlein, dass du sein gedenkst, / der Adamssohn, dass du zuordnest ihm! / Ließest ihm ein Geringes nur mangeln, göttlich zu sein, / kröntest ihn mit Ehre und Glanz, / ließest ihn walten der Werke deiner Hände“ (dass,

1234/16). In der Verfeinerung der Kultur, „unser aller Lebensweise“ (3653/8), können wir uns daran annähern, „göttlich zu sein“ (1234/16). In den Brüchen und Verhängnissen sowie in aller Todverfallenheit, die seit unserer Geburt unweigerlich leise in uns tickt, können wir tief fallen, sogar abfallen, ins Gegenteil davon, „göttlich zu sein“ (ebd). Und – es ist Osterzeit: Sogar im Fallen kann Gott uns auffangen und gerade dort, wo menschliches Scheitern und menschliches Ende ist, herrlich neu anfangen. Österlicher Kulturimpuls. Leben, Lebenskultur ist nicht nur endlich, sondern kann – aus Gottes Gnade – in der Kraft der Auferstehung durchaus himmlisch werden, ewig. Ich suche diesen Impuls jeden Morgen: „Nähme ich Flügel der Morgenröte / und bliebe am äußersten Meer, so würde auch dort deine Hand mich führen…“ (Ps. 139, 9f), eine Quelle lebendiger, österlicher Kraft.

Was ist der Mensch in seiner Kultur? Zuweilen, aus Gottes schöpferischem Willen, annähernd „göttlich“ (1234/16), Zuweilen jedoch, weil wir immer Geschöpfe bleiben, „Menschlein“ (ebd) – stark auf Gott angewiesen. Das ist für mich Kultur. Nicht einfach humanistisch-bildungsbürgerlicher Optimismus, es ginge auch anders, ohne Gott. Natürlich, es geht. Jedoch nicht weiter. Nur bis zum Tod, sicher nicht weiter. Wem das reicht, dem mag es reichen. Mir reicht es nicht. Mein Lebensstreben, mein Kulturverständnis, will weiter. Und es sind gerade auch Impulse der Hochkultur, die dieses Weiterwollen anregen, stärken und schon hier, hie und da, zum Leuchten bringen. Dazu eine Handvoll Schlaglichter. Wer tiefer in die eigenen und in die benachbarten und weiteren Kulturen hineinschaut, auch in ferne und fremde, wird erfahren können, wie gerade in der Kultur eine „schöpferische Kraft“ gegenwärtig ist, sagt Richard von Weizsäcker, um „das Fremde einzuschmelzen“ und „die anderen mit Eigenem zu bereichern“ (3653/19). So können Völker kultiviert „für alle anderen Schenkende und Beschenkte“ (ebd) werden. Wir gehören zu Europa, zum christlichen Abendland. Jedoch: Das christliche Abendland verdankt seine Impulse einem weiteren Raum. Ohne Jerusalem, Konstantinopel, Damaskus, Alexandria und Kathargo, ohne Kiew und Teheran ist das christliche Abendland nicht zu begreifen, nicht ohne Judentum – und später nicht ohne Islam. Das christliche Europa ist keine

Insel, sondern Teil eines größeren Zusammenhangs. Und sicher, seit der Entdeckung Amerikas, seit der Verknüpfung, auch der oft fatalen durch Kolonialismus, sind wir „Menschlein" (1234/16) viel ausgeprägter Teil eines größeren Ganzen. Zu Gott gehören wir, zur Schöpfung – und schon deshalb kulturell zusammen, wirklich als „Schenkende und Beschenkte" (3653/19). Sodann: Weizsäcker erinnert einmal daran, das der Maler „Kandinsky" die Kultur, die sich frei entfalten kann, „Mutter der Zukunft" (aaO/9+118) genannt habe. Daraus folgert er: „Es ist derselbe Gedanke, der (der Kultur) ihren überragenden Rang für den heranwachsenden jungen Menschen gibt. Sie öffnet ihnen ein Verhältnis zu sich selbst. Sie gibt ihm Zutrauen zu seiner eigenen schöpferischen Kraft. Musik, bildende Kunst, Theaterspiel helfen ihm, etwas Eigenes zu entdecken und zu werden... So kann Kultur maßgeblich zu einer Lebenswiese in Freiheit beitragen. Und da Freiheit durch die Freiheit des Andersdenkenden bedingt ist, ist es das Verständnis für dessen Freiheit und Kultur, in dem sich die eigene Freiheit entfaltet" (ebd). Wunderbare Einsprüche gegen Vorurteils-Un-Kulturen!

Weiter: Kunst hält „dieser Welt" auch „den Spiegel vor. Kunst unserer Zeit nicht zu verstehen ist in Wahrheit oft ein Signal dafür, dass man sich selbst nicht versteht". Kunst hilft zu „lernen,... auch uns in neuer Weise zu sehen und zu betrachten" (aaO/118). Insofern kann Kultur mit dem religiösen Propheten-Amt verwandt sein. „Natürlich gibt es gute und schlechte Propheten, angemaßte und wahre" (ebd), sagt Weizsäcker. Manche kraftvoll, andere am Ende ihrer Kraft wie Elia, füge ich hinzu. Auf sie zu schauen, heraus zu spüren, wo sie uns etwas Weiterführendes zu sagen haben, bleiben wir herausgefordert.

Vorletztes Schlaglicht. Weizsäcker: „Musik kommt der Erkenntnis dessen, was die Seele ist, am nächsten" (aaO/103f). Und: „Musik widerlegt nicht die Barrieren, die es unter uns Menschen gibt. Sie erspart uns nicht die Auseinandersetzung mit den Ursachen und Folgen, mit dem Recht und Unrecht von Grenzen. Aber Musik hält sich nicht daran. Sie überwindet den Absolutheitsanspruch einer Grenze,... hinweg...über Zäune des Glaubens, über die Gräben der Ideologien und über die

Distanz der Generationen und der Zeit“ (aaO/105). Als 2011der Dresden-Preis an Daniel Barenboim zu überreichen war, hat Richard von Weizsäcker, noch erstaunlich gut bei Kräften, in seiner Laudatio gesagt, Barenboim hätte gegen das „tiefe Entsetzen“ über „das Schicksal der europäischen Juden… seine Sehnsucht nach den Erlösungen durch die Kunst“ gesetzt. „Er erkannte das Ziel, nach Krieg und Grauen und Entsetzen die Wandlungskraft der Kultur und zumal der Musik zu erleben: als einen wahren Weg zum Frieden“ (RW III), als Chance, „Schritt für Schritt“, Klang für Klang, Gegensätze „in eine Verständigung mit der anderen Seite zu verwandeln“ (ebd), „junge Israelis und Palästinenser“ (ebd). Musik hat ein Hoffnungs-Potential, Oster-Potential. Sie ist unverzichtbar. In der evangelischen Kirche wissen wir dies von Anfang an, um des hoffnungsvollsten Anfängers willen: Gott.

Zuletzt: Der Berliner Literaturwissenschaftler Peter Wapnewski hat in einer akademischen Trauerfeier für den Opernintendanten August Everding folgendes gesagt: „Die Rede ist von einem Manne der Kunst. Von einem, der auszog, dem Fürchten zu wehren. Denn Kunst, sie steht gegen das Dunkel und die große Kälte in diesem Tale, das von Jammer schallt. Kunst ist jenseits der Zeit, auch wo sie die Spuren der Zeit trägt. Kunst ist nicht Zeitvertreib, sie ist Tod-Vertreib….sie ...lässt… Menschen teilhaben…an jener Form der Zeitlosigkeit, die wir Ewigkeit nennen… Die Befassung mit der Kunst…(ist) nie Unterhaltung, wohl aber kann sie Unterhalt sein. Kunst ist, was dich verändert, oder es ist keine Kunst“ (6028/6). Schon beim ersten Hören dessen habe ich mir diese Wortkette notiert: „Kunst – Kultur – Kultus – Gottesdienst“ (aaO/7). Also: „Gottesdienst ist, was dich verändert… Gottesdienst ist Kunst, nicht Zeit-Vertreib, sondern Tod-Vertreib“ (ebd). – Freundschaft im schönsten Sinne kann darin bestehen, sich gegenseitig lesend an Überlegungen teilhaben zu lassen. Zum Glück meines Lebens hat es gehört, so auch mit Richard von Weizsäcker befreundet gewesen zu sein. Ich durfte ihm meine Texte, Beiträge, vor allem Predigtreihen schicken. Und er schrieb mir dann seine handschriftlichen Randbemerkungen, seine Resonanzen. „Lieber Thomas Vogel, lieber Freund“. Und dazu: „Gottesdienst als Kunst – gut. / Kunst als Gottesdienst – auch dies ist nicht zu hoch gegriffen“ (RW IV).

Auf eine kurze Formel gebracht: Kunst – Kultur – Kultus – Gottesdienst“ (6028/7) – ist „Tod-Vertreib“ und „Unterhalt“ (ebd). Und Weizsäcker hat sich immer wieder dafür ausgesprochen, dass das, was wirklich wichtig ist, auch in der Berichterstattung nicht irgendwo hinten ins Feuilleton gehört, sondern auf Seite 1, statt „der obligaten und unsäglichen Parteitagsberichte“ (3653/24). Das wirklich Wichtige gehört auch in der Wahrnehmung nach vorn. Und: Gottesdienst ist wirklich wichtig, das könnten wir noch ein wenig selbstbewusster wahrnehmen, ist Lebens-Klärung, Tod-Vertreib, kulturelle Teilhabe vom Feinsten. Amen.

Wohin? Zur Freiheit… & Jh. 8, 32 / Gal. 5, 1

In der vor hundert Jahren hierzulande unter Gebildeten berühmten Übersetzung des Neuen Testamentes von Carl Weizsäcker (er war der Urgroßvater von Richard von Weizsäcker), finde ich ein Wort im Johannes-Evangelium, das hier der Luther-Übersetzung wortwörtlich folgt, das Wort Jesu: Ihr „werdet die Wahrheit erkennen, und die Wahrheit wird euch frei machen“ (Jh. 8, 32; 132/169) . Allerdings sind bei Carl Weizsäcker die beiden letzten Worte fett-gedruckt hervorgehoben, „**frei machen**“ (ebd). So wird hier im Neuen Testament angedeutet, wohin alles zielt, auf Freiheit zu. Wahrheit, auch religiöse, ist daran zu erkennen, dass sie wirklich frei macht. Und umgekehrt: Was nicht frei macht, kann nicht wahr sein. Dieses gilt für Religionen, und es gilt umfassend, für alle Bereiche. Immer wieder sind alle nach diesem Kriterium zu befragen und zu prüfen. Zielt alles auf Freiheit? Wenn ja, dann weiter so. Wenn nicht, dann nicht weiter so. Ideologen, Fundamentalisten sind keine Freiheits-Freunde. Deshalb tun wir gut daran, ihnen gegenüber skeptisch auf der Hut zu bleiben. Es gilt, die Lebensbereiche zu stärken und zu fördern, die auf Freiheit zielen. Der Widerständler Alfred Delp hat gesagt: „Die Freiheit ist der Atem des Lebens“ (2237/115). Das sehe ich genauso. Auf dieser Linie verstehe ich die Weizsäckers über Generationen hin nicht nur vom Adelstitel her, sondern tatsächlich als ausgeprägte Freiherren und Freifrauen. Mündige, zivilisierte Freiheit ist ihre Sache – wie ein roter Faden in der Familie und in ihren einzelnen Gliedern. Bei Carl-Friedrich von Weizsäcker, dem älteren Bruder, Physiker, Universalgelehrter, Friedensforscher habe ich gelernt, vorgetragen beim Kölner Kirchentag 1965, als Richard von Weizsäcker erstmals Kirchentagspräsident war: „In der Freiheit bestehen, heißt von der Freiheit Gebrauch machen. Freiheit ist ein Gut, das durch Gebrauch wächst, durch Nichtgebrauch (aber) dahinschwindet“ (1869/75). „In der Freiheit bestehen“ lautete im Anschluss an Galater 5, 1 die Kirchentagslosung. Nach meiner Einschätzung ist sie für Richard von Weizsäcker, der vor vier Tagen fünfundneunzig Jahre alt geworden wäre, zur Lebens-Losung geworden. Vor fünfzehn Jahren ist ein Gesprächsbuch, Weizsäcker mit Ulrich Wickert, veröffentlicht worden, wiederum unter dem Titel „In der Freiheit bestehen“ (5447). Und drei Tage nach der Öffnung der Mauer 1989 hat Bundespräsident von Weizsäcker eine „Ansprache in der Berliner Gedächtniskirche“ (aaO/71) gehalten und „das Paulus-Wort zugrunde gelegt: So bestehet nun in der Freiheit“ (ebd). Dort hat er gesagt: „Das kostbarste Gut, das die Menschen im anderen Teil der Stadt und in der DDR durch eigene Courage errungen haben, ist die Befreiung von erzwungener Lüge, ist die Freiheit zur Wahrheit. Nun gilt es, in ihr zu bestehen“ (4100/122). „Damit dies gelingt, … bedarf es begründeter Zuversicht, dass Ernst gemacht wird mit der Freiheit: - Ernst mit der Freiheit zur Wahrheit in den Medien – Ernst mit der Freiheit in den Institutionen, das heißt, mit der Pluralisierung unabhängiger Parteien ohne Führungsanspruch für eine; - Ernst mit der Freiheit zu geheimen Wahlen; - Ernst mit der Freiheit zum eigenen Engagement im sozialen, wirtschaftlichen und kulturellen Bereich; - Ernst mit einem neuen Geist in den Schulen und mit der Freiheit in der Bildung. / Für uns im Westen gilt es, bereit zu sein mit offenen Herzen und Türen, aber nicht mit unserer Tür drüben ins Haus zu fallen“ (aaO/123). „Seien wir froh und dankbar, dass wir in der Freiheit, die wir haben, ernsthaft und verantwortlich gebraucht werden. Indem wir einander dienen, erfüllen wir unser Leben in der Freiheit. Lasst uns so in der Freiheit bestehen“ (aaO/124). Biblische und politische Akzente aus einem denkwürdigen Abendmahls-Gottesdienst, am 12. November 1989 in der Gedächtniskirche Berlin.-

An anderer Stelle hat Weizsäcker gesagt: „Die Freiheit ist kein Geschenk, von dem man billig leben kann, sondern Chance und Verantwortung“ (RW V). Also keine Freiheit <u>von,</u> sondern eine Freiheit <u>zu.</u> Gleichzeitig ein Gnadengeschenk, und als gute Gabe doch auch wieder eine stete Aufgabe. Wie lautet diese? Nach meinem Eindruck durchaus im weizsäckerschen Sinne auf eine kurze Formel gebracht: Freiheit ist die Gabe und Aufgabe, sich frei zu zivilisieren – und dabei die Freiheit der anderen zu fördern. Keine festen Ideologien, keine Wahrheiten, die nicht frei machen, keine abgeschotteten Egoismen. Durchaus und umfassend „offene Herzen und Türen“ (4100/123), voller Lebens-Neugier, aber auch – ohne jeden Anflug von Übertreibung

– voller Gottvertrauen. Evangelische Kirche als wichtige Basis für mündige, zivilisierte, weiterreichende Freiheit. Gerade diesen Ton hat Richard von Weizsäcker in meinen Predigten über Jahre verstärkt. Er las viele davon, über Jahre mit seinen freiheitsbezogenen Anmerkungen und seiner weisen Empathie, in einem zunehmend freundschaftlichen Ton.

„Freiheit ist der Atem des Lebens“ (A. Delp, 2237/115) – und die Herausforderung, so frei und zivilisiert wie möglich miteinander umzugehen, von Mensch zu Mensch auf allen Ebenen, in der Politik, in der Auswertung geschichtlicher Zusammenhänge, in der Kultur, in den Religionen. In einem weiteren Gesprächsband vor zehn Jahren, Titel: „Was für eine Welt wollen wir?“ (6464). findet sich ein verwandtes Leitwort, das ich mir zu Eigen gemacht habe: „Aufklärung und Religion müssen sich gegenseitig ernst nehmen, sonst nehmen sie beide Schaden“ (aaO/106). Mit aller Leidenschaft nehme ich dies ernst. Und aus diesem Zusammenhang: „Zivilisationen bekämpfen sich nicht, sie ergänzen sich. Wo zwei zusammenprallen, ist eine von ihnen keine Zivilisation. Unvereinbar sind Freiheit und Unfreiheit, Zivilisation und Barbarei, aber nicht zwei (oder mehr) Zivilisationen“ (aaO/11). Und: „Die westlichen Wünsche nach Demokratisierung im arabisch-muslimischen Bereich sind überwiegend aufrichtig. Dabei fehlen uns aber oft Kenntnis und Respekt“ (aaO/101). Also gilt es nachdrücklich, zu mehr „Kenntnis und Respekt“ (ebd), beizutragen, kräftig, überall, auch vor Ort. Lange hat mich Weizsäckers freiheitlicher Zuspruch dazu mit beflügelt.

Und die österliche Freiheit? Wer dazu etwas wissen will, trifft bei Weizsäcker auf eine in der Öffentlichkeit ausgeprägte Zurückhaltung. Man muss ja nicht alles öffentlich machen, darf manche Bereiche im „Atem des Lebens“ (2237/115) durchaus auch sorgsam im Privaten lassen. Im intensiven Fernseh-Porträt der Sandra Maischberger verweigert Weizsäcker jede Einlassung dazu, und kontert journalistische Hartnäckigkeiten souverän mit der freundlichen Frage: „Wollen wir weiterkommen?“ – oder, das kenne ich aus meinen oft sehr tief- und weitgehenden Gesprächen mit ihm: Wenn er zu einer Frage nichts sagen wollte, konnte er gedehnt

„ja“ sagen, einen offen anblicken – und dazu nichts weiter sagen. Nächste Frage. Österliche Freiheit? Anders als er hatte, habe ich ein Verkündigungsamt. So aufgeklärt, zivilisiert, freiheitlich wie möglich bekunde ich: Für mich ist „Atem des Lebens“ (ebd), die Freiheit auch eine durch und durch österliche Wirklichkeit: Auferstehung, Freiheit vom Todesgefälle. Wenn alles eng wird, der offene Horizont. Eberhard Jüngel, dessen Wertschätzung ich mit Weizsäcker geteilt habe, hat gepredigt: „Der wirklich freie Mensch… ist und bleibt ein Anfänger. Er bleibt sein Leben lang im Aufbruch“ (7278/167), um wachsam allem entgegen zu leben, was solche Aufbrüche stört oder unterminiert – und glaubt: Gott ist so frei, dass er die Freiheit, den „Atem des Lebens“ (2237/115) herrlich weiterführt – zu sich, ins Offene. Österliche „Freiheit, die ich meine, die mein Herz erfüllt“ (3861/45). Diesen Impuls nehme ich aus einer tiefen, bleibenden Verbindung zu Richard von Weizsäcker dankbar mit: Im übertragenen Sinne möchte ich wie ein Freiherr leben und sterben und leben, voller Verantwortung, Respekt und Neugier, kulturell zivilisiert, dialogbereit – und österlich herrlich frei, als ein leidenschaftlicher Verteidiger und Liebhaber der Freiheit. Amen.

Dreißig Jahre danach.

Richard von Weizsäckers Rede zum 8. Mai 1985

Im gesegneten Alter von 94 Jahren hat Richard von Weizsäcker am 31. Januar 2015 in Berlin das Zeitliche gesegnet. Mir war er geistig-geistlich, und sogar freundschaftlich nahe. Mein Briefwechsel mit ihm beginnt 1977. Im Laufe der Jahre, und nach vielen Begegnungen und Gesprächen, schrieb er dann gern: „Lieber Thomas Vogel, lieber Freund!" -. Mich irritiert es nicht, dass manche Weizsäcker gegenüber auch Vorbehalte nennen - warum auch nicht. Aber wenn ich sagen soll, wer für mich die wichtigste, prägendste evangelische Persönlichkeit der Gegenwart gewesen ist, wichtig im Sinne von stets anregend, vorbildlich und in einer persönlichen Verbundenheit nahe, antworte ich dreimal ohne Umschweife: Richard von Weizsäcker. In vielen Würdigungen ist seine Rede zentral genannt worden, die in das erste Jahr seiner zehnjährigen Amtszeit als 6. Bundespräsident fiel, „jene schon legendäre Rede vom 8. Mai 1985 zum Jahrestag des Kapitulation" (6422/354), „eine große Rede, von der fast jeder weiß, *dass* sie gehalten wurde, aber nur wenige, *was* ihre Botschaft war" (3883/158). So hat es bereits ein Jahr später ein Abgeordneter geäußert, und das wird heute, dreißig Jahre danach, nicht weniger gelten. Inhalte aber bedürfen der genaueren Erinnerung, der eigenen wie der öffentlichen. Zur eigenen gehört, dass ich diese Rede oft und genau studiert habe. Und als ich im Jahr 2004 - auch im Zuge eigener Vorbereitungen auf biographische Widerstands-Predigten am Vortag des 20. Juli in Berlin gewesen bin, habe ich diese Rede mitgehabt und sie - sehr bewusst - im Schatten des Innenhofes am Bendlerblock, dort, wo Stauffenberg und andere erschossen wurden, gelesen - und da war in mir alles beieinander: Erinnerung und Freiheit, Ablehnung der Diktatur und demokratischer Patriotismus, christlicher Glaube in allem und aktive Zukunftshoffnung. Hätte ich dort eine andere Rede lesen sollen, die Bergpredigt? Die wäre auch geeignet gewesen, zweifellos. Aber ich habe dort *diese* Rede gelesen. Wenige Stunden später an jenem Tage habe ich Richard von Weizsäcker in einer Kirche getroffen. Dort hielt Freya Gräfin Moltke einen bewegenden Vortrag, und hinterher hatten Weizsäcker und ich Zeit für eine intensive Begegnung, ein tiefes Gespräch, und er hat mir seinen Gruß vor seinen Redetext ins Buch geschrieben.

Persönliche, pastorale Erinnerung an eine große Rede. Dazu lenkt ein Bibelwort die Gedanken in eine gute Richtung; ordnet - was sinnvoll ist - eine politische Rede ein in einen geistesgeschichtlichen, sogar in einen biblischen Zusammenhang. Das ist in diesem Falle legitim, weil Weizsäcker seinerseits deutlich seine politische Rede ebenfalls erkennbar auf biblische Zusammenhänge zurückbezieht. So werden die Übergänge zwischen Predigt und Rede, Rede und Predigt fließende. Jesus sagt zu Menschen, die an ihn glauben, nach der Überlieferung des Johannes-Evangeliums ein starkes Leitwort: „..ihr werdet die Wahrheit erkennen, und die Wahrheit wird euch frei machen“ (Jh.8, 32). Wahrheit im hier angesprochenen Sinne ist eine spezielle, nämlich „die beständige Treue Gottes zu sich selbst... Wahr ist Gott vor allem, indem er seine Heilszusagen... verwirklicht“ (6032/147). „Es gibt Wahrheit überhaupt nur in Gott. Und so gibt es auch Erkenntnis der Wahrheit nur in der Zuwendung des Glaubens zu Gott, dem sich der Erkennende selbst ganz und gar verdankt“ (aaO/148). Befreiende und bergende Glaubenswahrheit aber wirkt sich aus, auch sonst und hier nach Wahrheit zu suchen und ihr - demokratisch! - „zum Recht (zu) verhelfen“ (1518). Und auch dies klingt an: „Wahrheit und Freiheit sind Zwillinge... Die Freiheit hat ihren Ursprung in der Wahrheit... Und die Wahrheit hat in der Freiheit ihr Ziel“ (aaO/82). Evangelische Grundeinsichten, die Weizsäcker schon aus seiner Familienprägung und seiner intensiven Kirchentags- und Kirchenleitungserfahrung überhaupt nicht fremd, sondern ganz präsent sind. Über die Zeitumstände, innenpolitischen Debatten, aufgeregten Diskussionen über den damals gerade stattfindenden Besuch von US-Präsident Ronald Reagan mit Bundeskanzler Helmut Kohl auf einem Bitburger Soldatenfriedhof, wo auch SS-Angehörige begraben sind, gibt es an anderer Stelle genug Aufschluss und Kommentierung. Dies erwähne ich, weil nach solchen Aufgeregtheiten eine klärende Rede des Bundespräsidenten nun einigermaßen gespannt erwartet wurde, und weil dieser Spannungsrahmen mit dazugehörte, will man die Wirkung ermessen. Auch dies noch: Wenn es darauf ankommt, und das ist hier so, schreibt Weizsäcker seine Reden selbst, erarbeitet sie, formuliert, korrigiert. Insofern liest er im Entscheidenden nicht Texte vor, die andere ihm zuarbeiten, sondern spricht Eigenes aus. Auch dies gehört zum Geheimnis der unmittelbaren Wirkung.

Zum Inhalt: Neun Abschnitte - ein Rundgang. In der Einleitung sagt er zum Datum *„von entscheidender historischer Bedeutung in Europa“* (2881/1): *„Wir Deutsche...brauchen und wir haben die Kraft, der Wahrheit, so gut wir es können, ins Auge zu sehen, ohne Beschönigung und ohne Einseitigkeit“*(ebd) - damit spannt er einen Bogen bis zum Schluss-Satz, welcher lautet: *„Schauen wir am heutigen 8. Mai, so gut wir es können, der Wahrheit ins Auge“* (aaO/16). Dabei gilt zunächst: *„Wir müssen die Maßstäbe...finden“* (aaO/1), also nicht darauf warten, was die anderen meinen. Wir selbst müssen uns zur Wahrheit dieses Tages verhalten. Immer, auch heute. Was ist der 8. Mai für ein Tag? Keiner *„zum Feiern“*, sondern *„ein Tag der Erinnerung“* (ebd), der Erinnerung zunächst an Leid, erklärt Weizsäcker. Und wo dies klar ist, da gilt auch das andere: *„Der 8. Mai war ein Tag der Befreiung. Er hat uns alle befreit von dem menschenverachtenden System der nationalsozialistischen Gewaltherrschaft“* (aaO/2). Um der Wahrheit willen fügt Weizsäcker sogleich an: *„Niemand wird um dieser Befreiung willen vergessen, welche schweren Leiden für viele Menschen mit dem 8. Mai erst begannen und danach folgten. Aber wir... dürfen den 8. Mai 1945 nicht vom 30. Januar 1933 trennen“* (ebd), vom *„Beginn jener Gewaltherrschaft“* (ebd). - Dem einleitenden Abschnitt der Einordnung folgen Erinnerungen, zunächst allgemein: *„Erinnern heißt, eines Geschehens so ehrlich und rein zu gedenken, dass es zu einem Teil des eigenen Innern wird. Das stellt große Anforderungen an unsere Wahrhaftigkeit“* (ebd). Nach dieser Klärung geht das Staatsoberhaupt ausführlich die lange, schwere Reihe der Opfer durch. Er gedenkt *„aller...Toten des Krieges und der Gewaltherrschaft“* (ebd), *„insbesondere der sechs Millionen Juden, die in deutschen Konzentrationslagern ermordet wurden“* (ebd), er erinnert an Kriegsopfer, Verfolgte, Opfer des Widerstandes. Dann fügt Weizsäcker an: *„Den vielleicht größten Teil dessen, was den Menschen aufgeladen war, haben die Frauen der Völker getragen. Ihre Leiden, ihre Entsagung und ihre stille Kraft vergisst die Weltgeschichte nur allzu leicht"* (aaO/3).

Worin aber nahm die Katastrophe ihren Ausgangspunkt? Im *„abgrundtiefe(n) Hass Hitlers gegen unsere jüdischen Mitmenschen... Hitler hatte ihn nie vor der Öffentlichkeit verschwiegen, sondern das ganze Volk zum Werkzeug dieses Hasses gemacht"* (aaO/4) - noch in seinem sogenannten Testament. Grundwichtig finde ich, was Weizsäcker dann erklärt: *„Schuld oder Unschuld eines ganzen Volkes gibt es nicht. Schuld ist, wie Unschuld, nicht kollektiv, sondern persönlich"* (aaO/5). An diese Klärung schließt sich bei Weizsäcker ein kleiner, predigthafter Absatz an: *„Es gibt entdeckte und verborgen gebliebene Schuld... Es gibt Schuld, die sich Menschen eingestanden oder abgeleugnet haben. Jeder, der die Zeit mit vollem Bewusstsein erlebt hat, frage sich heute im stillen selbst nach seiner Verstrickung"* (ebd). An eine jüdische Weisheit erinnert er in diesem Zusammenhang: *„Das Vergessenwollen verlängert das Exil, und das Geheimnis der Erlösung heißt Erinnerung"* (aaO/6). Weizsäcker fährt fort: *„Diese Erfahrung schafft Hoffnung, sie schafft Glauben an Erlösung, an Wiedervereinigung des Getrennten, an Versöhnung. Wer sie vergisst, verliert den Glauben"* (ebd). Krieg und Spaltung Europas werden angesprochen. Ein weiteres Kapitel: *„Die Willkür der Zerstörung wirkte in der willkürlichen Verteilung der Lasten nach... Wir in der späteren Bundesrepublik Deutschland erhielten die kostbare Chance der Freiheit"* (aaO/9). Die Menschen in der DDR, die Heimatvertriebenen hat es ungleich schwerer getroffen. *„Friedenssehnsucht"* und *„Versöhnungsarbeit"* (aaO/11) haben Auftrieb bekommen. Wir brauchen Frieden mit unsren Nachbarn. *„Wir Deutsche sind ein Volk und eine Nation"* (aaO/14). *„Nicht ein Europa der Mauern kann sich über Grenzen hinweg versöhnen, sondern ein Kontinent, der seinen Grenzen das Trennende nimmt"* (aaO/15). Und hier hat sich in der Zwischenzeit ja viel getan!

Schlusskapitel: Warum gibt es vierzig Jahre nach Kriegsende *„so lebhafte Auseinandersetzungen über die Vergangenheit?"* (ebd). *„Vierzig Jahre spielen in der*

Zeitspanne von Menschenleben und Völkerschicksalen eine große Rolle" (ebd). An die Bibel erinnert Weizsäcker: *„Vierzig Jahre sollte Israel in der Wüste bleiben, bevor der neue Abschnitt in der Geschichte mit dem Einzug ins verheißene Land begann. Vierzig Jahre waren notwendig für einen vollständigen Wechsel der damals verantwortlichen Vätergeneration"* (ebd).

Schließlich: *„Wir lernen aus unserer eigenen Geschichte, wozu der Mensch fähig ist. Deshalb dürfen wir uns nicht einbilden, wir seien nun als Menschen anders oder besser geworden. Es gibt keine endgültig errungene moralische Vollkommenheit - für niemanden und kein Land!"* (aaO/16). Über uns Menschen skeptisch bleiben, uns nicht als Maß aller Dinge sehen, vorsichtig sein. Das bleibt wichtig. Deshalb lassen wir uns von Gott her sagen: „Ihr werdet die Wahrheit erkennen, und die Wahrheit wird euch frei machen" (Jh.8,32). Zur befreienden Wahrheit gehört es, sich nicht über menschliche Gefährdungen zu täuschen. Weizsäcker teilt nicht ein - hier „Reich des Bösen", dort „Reich des Guten". Aufrichtig bleiben, Erinnerung wachhalten. Lernen, *„miteinander zu leben, nicht gegeneinander"* (2881/16).

Fünf Schluss-Sätze Weizsäckers, die auch heute gelten, dreißig Jahre - eineinhalb Generationen - später: *„Ehren wir die Freiheit. Arbeiten wir für den Frieden. Halten wir uns an das Recht. Dienen wir unseren inneren Maßstäben der Gerechtigkeit. Schauen wir am heutigen 8. Mai, so gut wir es können, der Wahrheit ins Auge"* (ebd), - gerade auch unter der Verheißung, dass all dies zur Freiheit beiträgt - in einer freien Bindung an Gott. Diese hat auch Richard von Weizsäcker tief geprägt, insofern war er im eigenen Innern ein wirklicher Freiherr.

(zuerst veröffentlicht in „Evangelische Stimmen", Kiel, Mai 2015)

II. Wiederstands- Biographien um den 20. Juli 1944

Wilhelm Canaris (*1887 +1945) & Mt. 10, 16-17a

Im Neuen Testament gibt es ein abgründiges Warn-Wort Jesu an uns Christen: „Da! Ich sende euch wie Schafe mitten unter Wölfe: seid also verständig wie die Schlangen und arglos wie die Tauben. Hütet euch vor den Menschen!“ (Mt. 10, 16-17a – 3877/27). So warnt er vor Verfolgung und Missverstehen – oder zugespitzt, wie meine alttestamentliche Lehrerin Marie Louise Henry es angesichts der Shoah zum Ausdruck gebracht hat: „Furchtbar ist es, in die Hände der Menschen zu fallen“ (4012/85).

Was bedeutet diese Linie für Persönlichkeiten, die sich tatsächlich als Schafe unter Wölfe begeben, z.B. als Hitler-Gegner unter Nazis, als Friedenstauben unter Kriegslüsterne, als Anständige unter Verbrecher, als Charaktervolle unter ‚Charakterschweine‘? Hat Jesus mitbedacht, dass später seinen Schafen vermutlich immer ein Zwielicht anhaften wird, ob und inwieweit oder ob insgeheim sie nicht nur mit den Wölfen geheult, sondern selbst wölfisch geworden oder gewesen sind. Wer sich als Schaf so hinauswagt aus der Herde ins feindliche Rudel, kann der Schaf geblieben sein? Wer die Seite wechselt, sogar aus Antrieb des Evangeliums, wird vermutlich von den Menschen immer auch der falschen Seite zugerechnet werden können, wird fortan immer Missverständnissen ausgesetzt sein und dem Verdacht, dass doch Wolfspelz durch das Schaffell schimmert. – Diese Linie erreichen wir im Widerstand gegen Hitler stets dort, wo solcher Widerstand mit Geheimdiplomatie und Geheimdienst zu tun hatte und eben im Machtbereich Hitlers angesiedelt ist. Und da man dort, wo Bereiche geheim sind, nichts weiß, lässt sich prächtig spekulieren oder aus wenigen Paraphen schlussfolgern. Ein Beispiel: Wenn einer dienstlich abzeichnet, also paraphiert, dass er zur Kenntnis genommen hat, dass in seinem Verantwortungsbereich Juden verfolgt werden, folgern einige Historiker daraus, dass der als Mitwisser also Mittäter sei, während andere verstehen, dass gerade solches Mitwissen unmittelbarer Widerstandsantrieb gewesen sein kann, und dass die Namensparaphe nicht automatisch eine zustimmende Kenntnisnahme belegt, sondern genauso von abgrundtiefem Entsetzen begleitet sein kann, als Weckruf ins Widerstandshandeln. „Hütet euch vor den Menschen!“ (Mt. 10, 17a) – gerade dann, wenn ihr als Schafe unter den Wölfen gewesen seid. Besonders stark erscheint mir dieses Evangelien-Motiv bei zwei Widerstands-Persönlichkeiten angelegt zu sein, die tatsächlich mit Geheimdiplomatie und Geheimdienst in Hitlers Nähe zu tun hatten. Beim Außen-Staatssekretär Ernst von Weizsäcker (diesen habe ich hier bereits gewürdigt – (vgl. 6965/65ff)) und beim Abwehr-Chef Wilhelm Canaris. Dass zur hohen Diplomatie auch Geheimes gehört, höchst Vertrauliches und die Erfordernis, besser, tiefer, gründlicher informiert zu sein, ist eine Tatsache, wenn auch stets von Zwielicht, oft von Verschwörungstheorien, von Aufgeregtheiten begleitet (die Snowdon-Enthüllungen sind ein Stichwort unserer Tage). Und: Was geheim ist, bietet überall eine stets unerschöpfliche wie interessante Quelle für Spekulationen, für Missverstehen und Missdeutung. Wenn Familien damit zu tun bekommen, werden sie vorsichtig, sehr verständlich! Antje Vollmer hat beim Staatsakt für Richard von Weizsäcker gesagt, dass er viele Freunde im Widerstand hatte. Und: „Sein Vater, der Diplomat, hatte den Krieg 1938 verhindern wollen und war an dieser Illusion gescheitert“ (AV, 2). Nicht ganz. Gescheitert erst 1939, mit dem Überfall auf Polen. „Über (die Widerstandsfreunde) und die Zeit mit ihnen zu sprechen, fiel ihm (Richard von Weizsäcker), sehr schwer“ (ebd), betont Antje Vollmer auch. „Hütet euch vor den Menschen!“ (Mt. 10, 17a). Generell vielleicht. Mit mir jedoch hat Richard von Weizsäcker immer wieder über seine Freunde und über seinen Vater gesprochen. Dies war über Jahre eines der uns tief verbindenden Themen. Noch ausgeprägter als bei Weizsäcker war dieses „Hütet euch vor den Menschen!“ (Mt.10, 17a) bei Brigitte Canaris – über ihren Vater. Ich kannte sie. Als ich Schüler war, hat sie als Lehrerin im Ahrensburger Jugendorchester mitgespielt – wie ich. Doch Gespräche über ihren Vater, da gab es für uns eine klare Ansage, seien dort kein

Thema. Erst viele Jahre später, nachdem Brigitte Canaris meine Ernst-Weizsäcker-Predigt gelesen hatte, kam ihr Anruf mit der erwünschten Einladung zum Gespräch. Ich weiß es zu schätzen, dass und wie sich beide mir gegenüber geöffnet haben, weil sie offenkundig darauf vertrauen konnten, dass ich verstehen und nicht missverstehen wollte, und dass sie vor mir nicht so ausgeprägt wie sonst auf der Hut zu sein brauchten. Vor Antje Vollmer auch nicht. – Bevor ich Brigitte Canaris in Hamburg-Volksdorf zum Gespräch aufsuchen durfte, habe ich drei Canaris-Bücher gelesen: Von Fraenkel 1969, *Canaris – Spion im Widerstreit* (6727); von Höhne 1976, *Canaris – Patriot im Zwielicht* (6637)sowie von Mueller 2006, *Canaris – Hitlers Abwehrchef* (6952). Sie alle, kenntnisreich, auch aus umfangreichem Quellenstudium, bleiben mehr oder weniger diesem Leitmotiv ‚Widerstreit / Zwielicht' verhaftet, als könne es taubenklaren, unmissverständlichen Widerstand in Hitlers Nähe gar nicht gegeben haben. Warum denn eigentlich nicht? Weil das Ausmaß des Bösen in und um Hitler die taubenklaren, also lauteren Gegenpositionen zwangsläufig überlagern musste? Oder: Weil man den Nachfahren in den Familien die Ehre der Widerstands-Beteiligung nicht oder eben nur eingeschränkt angedeihen lassen wollte? Ich bin seit Jahren im Widerstands-Thema und auch in der, natürlich nicht einheitlichen, aber durchaus existenten Widerstandsfamilie als kundiger Gesprächspartner unterwegs. Die dort weithin gepflegten Vorbehalte gegen Ernst von Weizsäckers und/ oder Wilhelm Canaris' Rolle im Widerstand teile ich nicht. Generell bin ich allerdings vorsichtig: Die Deutungshoheit über Menschenleben überlasse ich letztlich bewusst und getrost Gott. Nur Gott allein kann wahrhaft durchschauen, wer Wolf und Schaf, wer Schlange oder Taube ist. Denn Gott sieht ins Herz (vgl. 1. Sam. 16,7).

Im Zuge einer Predigt kann ich den Apparat der Abwehr, ihre Bedeutung vor und in der Kriegspolitik Hitlers nicht zeigen. Doch dies zu Wilhelm Canaris: Geboren am 1. Januar 1887 als Spross einer großbürgerlichen Familie in Dortmund, im Bergwerkwesen erfolgreich. Wilhelms Wunsch ist es, Berufs-Offizier zu werden, trotz oder wegen seiner „fast schüchternen Erscheinung" (6952/31). Bei der Marine steigt Canaris auf. Nach dem 1. Weltkrieg heiratet er, zwei Töchter werden geboren. In der Weimarer Zeit ist Canaris mit geheimen Rüstungsmaßnahmen befasst, gut vernetzt in der Diplomatie, so mit Ulrich von Hassell, dem späteren Widerständler. War Canaris, inzwischen Admiral, seit 1935 Abwehrchef des Reichswehrministeriums, ab März 1938 Chef des Amtes Ausland/ Abwehr des Oberkommandos der Wehrmacht, ein Gefolgsmann Hitlers, und wenn überhaupt, bis wann? Klar ist: Canaris ist der vertrauteste Gesprächspartner Ernst von Weizsäckers, der gegen Hitler für den Frieden arbeitet, sich 1938 durchsetzt, dann aber scheitert. Klar ist: Nach außen tritt Canaris „wie ein ideologisches Sturmgeschütz des Regimes“ (aaO/229) auf, doch in der Abwehr unter seiner Führung sammeln sich Widerständler – von Canaris gedeckt und gefördert, darunter Oster, Schulenburg, York, Oskar Schindler, Kleist, Dohnanyi, Guttenberg, Delbrück, Bonhoeffer. Erwiesen ist: „So wie Canaris in der Abwehr, so duldete, deckte und förderte (Ernst) von Weizsäcker im Auswärtigen Amt“ (aaO/247) eine Gruppe von Mitarbeitern, „die gegen Hitlers Politik“ (ebd) Widerstandsarbeit leisteten, so Trott, Haeften, Bernstorff, Kessel) – und : “die Verbindung zwischen Canaris und Weizsäcker…(ist) eng“ (aaO/248). Brigitte Canaris hat mir ausführlich bestätigt, dass das Ehepaar Weizsäcker oft ihre Eltern besuchte, zuhause in Schlachtensee, dass es dann oben sozusagen ein Damenprogramm gab und beide Männer entweder im Keller oder draußen lange Gespräche unter vier Augen führten. Ich halte diese beiden, Weizsäcker und Canaris, für besonders wichtige Widerstands-Mentoren, und die Bedeutung solcher Mentoren an Schaltstellen ist keinesfalls geringer einzuschätzen als Widerstandsakte und –äußerungen bei anderen, sondern eher noch höher. Widerstands-Mentoren in solchen Stellungen betreiben wissentlichen Hochverrat – aus Gewissensgründen. Beide bleiben kultivierte, zivilisierte Menschen, musisch, mit einem religiösen, freiheitlichen Fundament. Wenn man einem Bonhoeffer, einem Trott zu Solz, einem Haeften und Guttenberg taubenhafte Lauterkeit zubilligt, dann doch bitte auch ihren untereinander verbundenen Mentoren Wilhelm Canaris und Ernst von Weizsäcker auch oder erst recht. – Ab „Februar 1944“ wird Canaris

„kaltgestellt“ (7887/90). Die Nazis misstrauen ihm. Und Weizsäcker ist bereits seit Juli 1943 Botschafter beim Vatikan. Nun fehlen diese wichtigen Mentoren im Widerstandsgefüge. Nach dem 20. Juli 1944 wird Canaris verhaftet. Von seiner Familie kann er sich nicht verabschieden. Dass er sich generell „seinen Töchtern (gegenüber) eher distanziert verhielt“ (6952/11), bestätigt Brigitte Canaris nicht. Es gibt Hinweise, man habe versucht, Canaris „durch Hunger mürbe“ (aaO/18) zu machen. Auch gibt es Hinweise, man habe Tagebuch-Aufzeichnungen von Wilhelm Canaris gefunden, diese Hitler vorgelegt, und dieser habe am 5. April 1945 die „sofortige Vernichtung der Verschwörer“ (aaO/23) angeordnet. Canaris, Oster, Bonhoeffer und andere werden am 9. April 1945 im KZ Flossenbürg gehängt, Canaris als Widerstands-Mentor, als Zeuge eines anderen Deutschlands, als Mensch unter Wölfen, als Christ. Ich sehe hier Licht, kein Zwielicht. Amen.

Jens Peter Jessen (*1895 +1944) & Ps. 34, 17

„Das Angesicht des Herrn steht wider alle, die Böses tun, / dass er ihren Namen ausrotte von der Erde“ (Ps. 34, 17). Dieser harte Einspruch Gottes steht im 34. Psalm. Auf dem Bösen liegt kein Segen. Anders, als unsere Erinnerung es handhabt, es überdauert nicht. – Es gibt geschichtliche Zeiten – ich bin und bleibe ja davon überzeugt, dass sich Offenbarung nicht nur in einzelnen Menschen, sondern vor allem in und als Geschichte (vgl. 1124) ereignet -, es gibt Zeiten, da dies deutlich wird, und in solcher Deutlichkeit biblische Texte prägnant macht und sie aufraut, sie in konkrete Deutungsmuster verwandelt. „Das Angesicht des Herrn steht wider alle, die Böses tun, / dass er ihren Namen ausrotte von der Erde“ (Ps. 34, 17) – und unser Gedächtnis für die anderen, die Guten, die dem Bösen widerstanden haben, öffne und stärke.

So, mit diesem Hintergrund, kurze Schlaglichter aus dem Frühjahr 1943 – aus dem vierten Kriegsjahr, aus dem 10. Jahr nach der sogenannten Machtergreifung Hitlers. „Der Kampf um Stalingrad ist zu Ende“ (6458/435), eine Katastrophe, militärisch wie menschlich. Wenige Tage später: In München wird die „Weiße Rose“ verhaftet, die mutige studentische Widerstandszelle, Hinrichtungen folgen. 13. März, wieder ein Attentatsversuch auf Hitler: Henning von Tresckow und Fabian von Schlabrendorff wollen mit einer Bombe das Führerflugzeug auf dem Flug zur Wolfsschanze zur Explosion bringen. Doch die Temperatur im Gepäckraum ist zu niedrig, das Attentat misslingt, wieder eines. Das Amt Canaris ist durch Verhaftungen gelähmt. Dann der 20. April, der Wehrmachtsbericht vermeldet: „Terrorangriffe britischer Bomber… gegen Stettin und Rostock“ (aaO/481). Hitler feiert seinen 54. Geburtstag. Er hat die Wolfsschanze in Masuren bereits am 29. März Richtung Berghof bei Berchtesgaden verlassen (vgl. 8006/67). Führers Geburtstag, ein damals prägnantes und allgegenwärtiges Datum im Reich. Während es sonst seit 1937 stets eine Sonderbriefmarke zu diesem Tag gibt, ist es jetzt 1943 gleich ein Satz mit sechs Marken; Propaganda-Nachdruck zum Führerkult. Die letzte Hitler-Marke wird zu seinem Geburtstag 1944 erscheinen, mit der Aufschrift ‚Grossdeutsches Reich", am 20. April 1945 keine mit Hitler, sondern jeweils eine martialische mit SA und SS.

Zurück zum 20. April 1943: Privat trifft sich Ehepaar von Hassell mit Ehepaar Jessen. Ulrich von Hassell, Diplomat und Widerständler, notiert im Tagebuch: „Ganz deprimiert war seit längerem der einst so unternehmungslustige Nordmann (*das ist sein Deckname für Jessen).* Er wollte niemand sehen. Seine Frau, vielleicht auch sein und unser Freund Stackelberg erreichten aber, dass er aus der Schale kroch und Ilse (*von Hassell*) und mich zu einem sehr gemütlichen, wenn auch nicht gerade trostreichen Abend bei sich sah. Famose Leute" (4272/363), diese Jessens. In der Tagebuch-Ausgabe steht zu dieser Stelle eine Anmerkungszahl, und wer ihr folgt, erfährt folgendes. Ilse von Hassell hat mitgeteilt: „An diesem Abend sagte Jessen verzweifelt: ‚Es wäre in der Theorie so einfach, diesen Verbrecher (*Hitler*) zu beseitigen: der vortragende Offizier bringt eine Mappe herein, die Sprengstoffladung enthält, legt die Mappe auf den Schreibtisch von Hitler, lässt sich zu einem verabredeten Telefonanruf herausholen, und Hitler ist beseitigt'" (aaO/589). Famoser Plan. „Das Angesicht des Herrn steht wider alle, die Böses tun" (Ps. 34, 17).

Wer ist dieser famose Jessen? Im Vorjahr ist auf Deutsch ein Buch über ihn erschienen, zwei Jahre vorher auf Dänisch, „Jens Peter Jessen – ein vergessener Verschwörer" (1242). Vergessen? Das scheint mir eher eine Marketing-Floskel als wahr zu sein. Mir war er schon lange geläufig. Aus den Hassell-Tagebüchern, wie schon gestreift, aus den Protokollen der Berliner Mittwochs-gesellschaft sowie aus Querverbindungen zu den Freiburgern, längst dargestellt von Christine Blumenberg-Lampe. Tatsächlich vergessen hatte ihn Marion Gräfin Dönhoff in ihrem Widerstands-Buch „Um der Ehre willen" (4659) von 1994. Dort hat sie fälschlich Goerdeler der Mittwochsgesellschaft zurechnet und Jessen übersehen. Brieflich habe ich die Gräfin darauf hingewiesen, ihr Dankesbrief vom Juli 1994 ist in meiner Briefsammlung. Jessen vergessen? Eher nicht. Vielleicht nicht bekannt genug, dieser Ideen-Geber zum 20. Juli, zum Hitler-Attentat. Geboren ist Jens Peter Jessen auf dem elterlichen Hof Stoltelund südlich von Tingleff im deutsch-dänischen Grenzland, damals gerade zu Preußen gehörig, vor- und nachher dänisch. Gymnasialzeit in Flensburg. Teilnahme am 1. Weltkrieg, mehrfach verwundet. Danach studiert Jessen Volkswirtschaft und Jura, schließt mit zwei Promotionen ab. Ihn interessiert das „neue... Forschungsfeld... Weltwirtschaft" (1242/39) in Kiel, das dort mit einer bis heute wichtigen Institutsgründung etabliert wurde. 1921 heiratet Jessen, vier Kinder gehen aus der Ehe hervor. Berufsstationen sind Kopenhagen, Göttingen und Berlin. Dort ist Jessen ab 1935 Professor, Ordinarius für Nationalökonomie, führend in seinem Fach. Anfangs ist er den Nationalsozialisten durchaus zugetan, allerdings tritt er offen für bedrängte jüdische Kollegen ein (übrigens sind damals „nur 0,75% der deutschen Bevölkerung jüdisch" (aaO/53). Immer engagierter beteiligt sich Jessen am Widerstand. Eine Basis dafür ist die Berliner Mittwochsgesellschaft. In ihr versammelt sich eine 16 Persönlichkeiten umfassende Gruppe von führenden Männern aus verschiedenen Berufen zu Vorträgen und Gesprächen reihum. Johannes Popitz, der preußische Finanzminister und Staatsminister ist seit 1938 am Widerstand beteiligt, als einziger in diesem Rang, und er findet zum Beginn des 2. Weltkrieges in dieser Mittwochsgesellschaft in Jens Peter Jessen, Ludwig Beck und Ulrich von Hassell bedeutende Gesprächspartner und Mitstreiter. Dieses Quartett bildet einen bedeutenden Widerstandskern, alle vier kommen nach dem 20. Juli 1944 ums Leben. Im Blick auf Jessen gibt es eine Querverbindung zu den Freiburgern, die widerständig einen Weg in die Soziale Marktwirtschaft vordenken. Jessen war zu einer Tagung Ende März 1943 eingeladen, konnte dieser Einladung jedoch nicht folgen. Christine Blumenberg-Lampe vermutet, dass gleichwohl „während der ganzen Zeit der Faden (zu den Freiburgern) nicht / abgerissen sein dürfte" (2592/11f), zumal es ein weiteres Netz gibt. Jessen ist durch „gemeinsame Gutachtertätigkeit" (aaO/23) um Fragen der Kriegs-finanzierung 1939 mit seinen Fachkollegen Eucken, Lampe und von Stackelberg verbunden. – Zu den Schlaglichtern Anfang 1943 gehört dann ein Treffen, welches Goerdeler, Beck, Hassell, Popitz und Jessen mit Schulenburg, Trott, York, Moltke und Gerstenmaier von den Kreisauern im Haus der

Yorks in der Berliner Hortensienstraße zur großen Aussprache über Konzeptionen zum und „nach dem Umsturz“ (4272/31+577f) zusammenführt.

Im Februar 1944 lernt von Hassell bei Jessen Graf Stauffenberg kennen, der Jessens Tat-Idee von 1943 am 20. Juli 1944 ausführen wird. Tags zuvor ist er noch bei Jessen, um „die Pläne nochmals durchzusprechen“ (aaO/443). Mit dessen Auffassung dass im Berliner Bendlerblock auch „General Fromm zu töten sei“ (1242/137), weil es unsicher sei, ob er auf der richtigen Seite stünde und vielleicht den Befehlsverlauf behindern würde, kann Jessen sich nicht durchsetzen. Beck hat einen solchen „Kameradenmord“ (ebd) entschieden abgelehnt. Ein „fataler Fehler“ (ebd), wie sich zeigen wird. Der Umsturz scheitert, Beck kommt ums Leben, Hassell, Jessen und Popitz werden zum Tode verurteilt. Am 30. November 1944 wird Professor Dr. Dr. Jens Peter Jessen aus dem deutsch-dänischen Grenzland in Plötzensee gehängt, wie zu viele vor und nach ihm. Doch es gilt: „Das Angesicht des Herrn steht wider alle, die Böses tun“ (Ps. 34, 17) – und für alle, die zu Graf Stauffenbergs Klarheit durchgedrungen sind: „Wie nehmen diese Herausforderung, die ausgeführt werden muss, auf uns vor Gott und unserem Gewissen, weil dieser Mann, Hitler, das Böse selbst ist“ (1242/137). Amen.

Rudolf von Scheliha (*1897 +1942) & Ex. 20, 16: Mt. 11, 12

„Du sollst nicht falsch Zeugnis reden wider deinen Nächsten“ (Ex. 20, 16), lautet mit Luther das 8. Gebot. „Aussage nicht… als Lügenzeuge“ (dass, 1413/206) übersetzt Buber dies. Zunächst bezieht sich dieses Gebot offenbar ganz auf „die Zeugenaussage vor Gericht“ (5578/84), also auf den Ort, „an dem sich die Wahrhaftigkeit für den Israeliten besonders konkret und leibhaftig“ (ebd) darstellt. Daraus dann ein allgemeines Verbot der Lüge, ein Eintreten für die Wahrung des guten Rufs eines Mitmenschen einzutreten und übler Nachrede zu wehren, ist von diesem Ausgangspunkt her durchaus legitim, angemessen und sinnvoll. Mit falschen Angaben, mit Andeutungen am Ruf eines Menschen zu kratzen ist ein so verbreitetes und ausgeprägtes Problem, dass es eines Gebotes bedarf, um unser Augenmerk darauf zu richten und die fatalen Auswirkungen von Rufschädigung einzugrenzen und möglichst zu unterbrechen. Vermutlich hat das Problem der üblen Nachrede in unseren Tagen noch zugenommen. Alarmierende Stichworte wie *mobbing* und *shitstorm* deuten es an. Und auch unser schöne Ort hat eine hässliche Seite darin, dass in ihm von vielen Seiten Gerüchte befeuert werden – ich kenne das. Wenn Gott denen, die Gerüchte streuen, die Zunge verkürzte, würden manche plötzlich lispeln. Guter Ruf, Unschuldsvermutung bleibt wichtig. Halbwahrheit ist keine. Rufschädigung geschieht nicht nur privat, sondern zuweilen auch gesteuert. Gestapo, Stasi, KGB, CIA – solchen Gruppierungen Zögerlichkeit oder Zartfühlendes zu unterstellen wäre naiv. Wenn das Interesse besteht, jemanden fertigzumachen, gibt es dafür Mittel und Wege.

Diese allgemeine Einleitung führt heute direkt zu einem nachhaltigen Rufmord, den die Gestapo 1942 an einem widerständigen Diplomaten vollzieht. Und außer Gestapo-Unterlagen gibt es keinerlei Belege dafür, dass an den Vorwürfen und Unterstellungen etwas dran wäre, was diese untermauern könnten. Gleichwohl: Es hat lange gedauert, zu lange, bis 1990 ein anderer Diplomat akribisch Licht ins Dunkel gebracht und den Rufmord herausgestellt hat, damit endlich der Weg frei ist für eine ganz andere, angemessene Neubewertung. Und bis heute, 25 Jahre später, wirken die Rufmord-Schatten noch nach. Ulrich von Hassell, ebenfalls widerständiger Diplomat und Schatten-Außenminister der Opposition, hatte Silvester 1942 im Tagebuch notiert: „Sehr bedauerlich und mir ganz unbegreiflich der Fall Scheliha. Er soll von den Bolschewiken Geld genommen haben!? und zum Tod verurteilt worden sein" (4272/343) – und im Februar darauf: „Die Zeit bringt furchtbare Eindrücke: Scheliha, der in unverständlicher, ehrloser Weise sein Land verraten zu haben scheint, gehängt" (aaO/346). Eine Woche später, nach einem Gespräch mit einem kundigen Freund: „Er beurteilt den Fall des unglücklichen Scheliha höchst skeptisch bezüglich des angeblich geführten Nachweises seiner Schuld. Nach seiner Ansicht liegt viel Anlass vor, anzunehmen, dass die Sache ganz anders und für ihn harmlos liegt. Das AA habe sich unerhört salopp benommen und nichts getan, um eine wirkliche Aufklärung zu erzwingen" (aaO/349). Wie gesagt: Es hat lange gedauert, bis Licht ins Dunkel kam. Doch wichtig ist, dass es bereits aus dem Februar 1943 diese Widerstands-Aufzeichnung gibt, die Zweifel an der Gestapo-Darstellung hegt und betont, womöglich könne sich die Wahrheit als „ganz anders" (ebd) darstellen, und „wirkliche Aufklärung" (ebd) könne dies erweisen.

Der Name ist schon erwähnt, nun der Reihe nach. 1897 wird in Schlesien Rudolf von Scheliha geboren, Spross einer alten, evangelischen Familie von Land-Edelleuten. Ein Großvater war preußischer Finanzminister. Dolf – so wird er in der Familie genannt – nimmt ab 1915 freiwillig am 1. Weltkrieg teil, wird 1918 an der Westfront verschüttet, kann verletzt gerettet werden, ist jedoch unter den schweren Eindrücken „jäh ergraut" (8047/13). Auszeichnungen „mit dem Eisernen Kreuz II. und I. Klasse" (ebd) wiegen Verwundungen mit Spätfolgen an Leib und Seele nicht auf. Dolf Scheliha studiert dann Jura. Zu seinen Freunden gehört Nikolaus von Halem, ein späterer Widerständler, den ich hier schon gewürdigt habe (vgl. 6366/41ff). Anfang 1922 tritt Scheliha als Diplomat in den Auswärtigen Dienst ein. 1925 wird Prag seine erste Auslandsstation, im Jahr darauf Konstantinopel (heute Istanbul). 1927 heiratet Scheliha im Wiener Stephansdom Marie Louise von Medinger, aus der Ehe gehen zwei Töchter hervor. 1928 wird in der Türkei die Hauptstadt nach Ankara verlegt, die Botschaft zieht um. Von 1929 bis 1939 folgt eine diplomatische Verwendung in Polen, mit vielen Verbindungen und engen Freundschaften, einerseits in polnischen Adelskreisen, andererseits zur überzeugten Kommunistin Ilse Stöbe und zu internationalen Pressevertretern. Unter seinen Kriegserlebnissen war Scheliha längst „zum Pazifisten geworden“ (8047/93). Und dann wird Polen, durch die gewollte Aggression von Hitler und Ribbentrop, angegriffen. Scheliha teilt die „verzweifelte Feststellung des zutiefst deprimierten Staatssekretärs von Weizsäcker: „Wir werden von einem Narren und einem Halbnarren regiert“ (aaO/91). In Gegenwart eines Freundes ruft Scheliha aus: „Jeder der einen Krieg anfängt, gehört an die Wand gestellt!“ (aaO/93). Der Pazifist und Polen-Freund und kultivierte Diplomat ist verzweifelt. Er kehrt in den Dienst des Auswärtigen Amtes in Berlin zurück, in die dortige Informationsabteilung – mit Aufklärung und Propaganda betraut. Dort besteht durchaus die Möglichkeit, „Beschwerden über unerhörte Vorkommnisse und Missstände in Polen“ (aaO/111) zu thematisieren, und sei es mit Schelihas diplomatisch geschickter „Bitte um baldgefällige Stellungnahme zwecks Herbeiführung eines Dementis“ (aaO/114). Einzelne Rettungsaktionen gelingen, wichtige Freundinnen und Freunde in Polen aber kommen ums Leben. Ernst von Weizsäcker, der Außen-Staatssekretär, weiß, dass Scheliha im Auswärtigen Amt „einer der erbitterten Feinde des Hitler-Regimes“ (aaO/127) ist. Scheliha engagiert sich einfallsreich, wo es darum geht, „Hilfe zu leisten oder… zu retten“ (aaO/145). „Über Scheliha kann man erstaunliche Sachen erreichen“ (ebd), äußert „sein jüngerer Kollege Adam von Trott zu Solz“ (ebd), herausragender Widerständler aus dem Kreisauer Kreis, seiner Frau gegenüber. Scheliha ist daran beteiligt, Galen-Predigten gegen die Tötung Behinderter international zu verbreiten. Kontakt hat er über Ilse Stöbe zur kommunistischen Widerstands-Seite. Am 29. Oktober 1942 steht im Kalender Schelihas die Bibelstelle: „Das Himmelreich leidet Gewalt, und die Gewalt tun, die reißen es an sich“ (Matthäus 11,12) (aaO/188) – und Dolf Scheliha wird verhaftet und in die Prinz-Albrecht-Straße gebracht, dort nicht nur verhört, sondern auch misshandelt. Er leidet Gewalt. Die Gestapo-„Sonderkommission „Rote Kapelle““ (aaO/200) deckt eine umfangreiche kommunistische Gruppe um Arvid Harnack und Harro Schulze-Boysen auf. Doch Scheliha hat „nichts, rein gar nichts mit der Roten Kapelle zu tun“ (8026/96). Vor der Verhandlung wird Scheliha von Hitler und Ribbentrop – ohne Begründung – per Urkunde entlassen. Drei Tage später, am 14. Dezember 1942, stehen „Rudolf von Scheliha und Ilse Stöbe vor Gericht“ (8047/207). Beide sind nach Gestapo-Angaben voll geständig: Landesverrat, Zahlungen aus Russland (Scheliha wurde angeheftet, für Frauen und Glücksspiel viel Geld gebraucht zu haben). In Wahrheit lebten Schelihas, insbesondere durch Erbzuflüsse an seine Frau, in „ausgezeichneten wirtschaftlichen Verhältnissen“ (aaO/209). Dolf Scheliha soll nach einem Brief des Helmut James Graf von Moltke an seine Frau nach der Verkündung des Todesurteils in seinem letzten Wort gesagt haben: „Meinen bürgerlichen Tod bin ich bereits gestorben. Ich bitte um meine Verurteilung“ (aaO/213). Vernehmungsprotokolle, Urteil, Unterlagen, teils als geheim eingestuft, sind nicht erhalten, schon gar nicht irgendein schlüssiger Beweis seiner Schuld auf der Linie der Gestapo. Wohl aber gibt es die Aussage von Pfarrer Poelchau, Scheliha habe ihm gegenüber versichert, „keinerlei Geldbeträge genommen“ (aaO/222) zu haben. In einem letzten Brief schreibt er: „Ich sterbe trotz Allem reinen Herzens“ (aaO/223). Scheliha wird in Plötzensee umgebracht.

Schwer wiegt die Nachgeschichte, die der Diplomat Ulrich Sahm 1990 in seinem profunden Buch „Rudolf von Scheliha 1897-1942. Ein deutscher Diplomat gegen Hitler“ (8047) auf die bittere Formel bringt: „Dem Mord von 1942 folgte der Rufmord nach 1945“ (aaO/265). Dieses Buch führt endlich zur Neubewertung. Mit einem Gerichtsurteil wird 1995 festgestellt, Scheliha sei nicht wegen Spionage, sondern in einem Scheinverfahren wegen seiner Gegnerschaft zum Nationalsozialismus verurteilt worden. Das Auswärtige Amt ergänzt nun sein ehrendes Gedenken, die Öffentlichkeit auch. Gegen den Rufmord konnte der Verurteilte wenigstens seine Haltung und Überzeugung setzen: „Ich sterbe trotz Allem reinen Herzens“ (aaO/223) – und so lässt sich Gott schauen! Eine starke

Einsicht schwingt dabei mit: Die letzte Beurteilung über Menschen liegt gottlob nicht bei uns, nicht einmal für uns selbst, sondern wahrlich bei Gott. Denn es gilt: „ER aber sieht in das Herz“ (1. Sam. 16,7c – 1737/197). Amen.

Hermann Maaß (*1897 +1944) & Jh. 15, 13

Es hat in der braunen Zeit hierzulande nicht nur Begeisterung und Mitläufertum gegeben, nicht nur Heil-Schreie und stampfende Horden, sondern auch eine ganze Reihe von gelebten Gegenentwürfen und unterschiedlich ausgeprägten Alternativen. Also tut man gut daran, in der Rückschau nicht nur auf Nazi-Deutschland zu blicken, sondern auch auf Eindrücke vom anderen Deutschland. Eine starke Alternative sehe ich in Preußen, und damit meine ich beides: Den noch bis zum 20. Juli 1932 existierenden, durchaus funktionierend demokratischen, vernünftig regierten Landesbezirk innerhalb der Weimarer Republik. Dieses Preußen umfasste „noch mehr als drei Fünftel der Bevölkerung und des Raumes“ (4267/491) in Deutschland, bis es unter Reichskanzler von Papen (seltsamerweise auf den Tag genau zwölf Jahre vor dem Hitler-Attentat in der Wolfsschanze) mit einem Staatsstreich zerschlagen wurde. Die sozial-demokratische Regierung Otto Braun wurde abgesetzt. Der Historiker Karl Dietrich Bracher, durch Heirat verbunden mit der Bonhoeffer-Familie, sieht in diesem „Preußenschlag“ einen klaren „Beweis dafür, wie wenig es noch zur Überwindung der Demokratie bedurfte“ (aaO/518). Mit diesem Schlag von oben wird der Weimarer Demokratie „an entscheidender Stelle das Rückgrat gebrochen“ (aaO/525), vor Hitler, und es ist gleichzeitig ein schwerer Schlag gegen die Sozialdemokratie. – Und wie steht es um das Gewicht des inneren Preußen? Jenes Erbe mit einer ausgeprägten Gewissensbindung und Verantwortungsbereitschaft, auch aus einer evangelischen Prägung? Immerhin war Preußen im 19. Jh. „der erste Staat, der das alte Führer – Gefolgschaftsverhältnis zwischen dem Feldherrn und seinen Truppen auf eine höhere Stufe der Rationalität hob“ (7955/694) und einem Generalstab „ein ganz neues professionelles Profil gab“ (ebd), eigene Macht und Verantwortung. - Der Widerstand gegen die Hitler-Diktatur speist sich aus beidem, nämlich aus den Reihen der Besiegten vom „Preußenschlag“, aus den Eliten-Familien nenne ich hier Planck und Harnack, und vor allem aus dem Generalstab: Beck, Olbricht, Tresckow, natürlich auch Stauffenberg. Dazu gibt es zwei wirkungsvolle

Impulse, die sich nicht auf Preußen beschränken, sondern europaweit bedeutsam sind, doch mitten in Europa, in Deutschland natürlich auch. Längst ist die soziale Frage gestellt. Von gemäßigt sozialdemokratisch bis radikal kommunistisch – und weit darüber hinaus im bürgerlichen Lager, siehe Bismarcks Sozialgesetzgebung, siehe das soziale Engagement auch bei Adligen; und gewerkschaftlich und genossenschaftliches Engagement ist ohnehin intensiv mit der sozialen Frage verbunden. Dazu gibt es seit 1901 die Jugendbewegung „Wandervogel", ebenfalls sozial geprägt und ausgeprägt kulturell. Dem ‚Guten, Wahren, Schönen' ist man gemeinsam auf der Spur, dem natürlichen, einfachen, geistig anspruchsvollen Leben. Ins Freie zieht man, bildungsbewusst, und die Bergpredigt zieht mit, die christliche Grundregel: „Man muss Gott mehr gehorchen als Menschen" (Act. 5, 29; 132/208), weil sich dann Freiraum öffnet, christlich, kulturell, sozial, auch Gewissens- und Verantwortungsfreiraum.

Vieles vom Allgemeinen spiegelt sich wieder im Besonderen, wenn ich heute an Hermann Maaß und seine Beteiligung am Widerstand erinnere. Einem intensiven Abendgespräch bei einer Tagung der Widerstandsfamilie mit zwei Maaß-Töchtern verdanke ich wichtige Anregungen dazu. Geboren ist Maaß am 23. Oktober 1897 in Bromberg, nach dem Abitur Teilnahme am 1. Weltkrieg. An der Westfront erleidet er „eine schwere Gasvergiftung" (8055/66). Er ist Unteroffizier, verantwortungsbewusst und wach. Nach dem Krieg folgt „ein breit angelegtes... Studium" (ebd) in Berlin: Philosophie, Psychologie, Soziologie. Jugendbewegt wendet er sich der Jugendpflege zu, er ist engagiertes SPD-Mitglied. 1924 wird Hermann Maaß „Geschäftsführer des Reichs-ausschusses der Deutschen Jugendverbände" (ebd), bis „zur Zerschlagung der Jugendbewegung und... Entlassung durch die Nationalsozialisten" (ebd) 1933. Dadurch verliert Maaß auch seine publizistischen Funktionen als Chefredakteur der Zeitschrift „Das Junge Deutschland" und beim „Deutschen Jugendfunk" (aaO/66f). Maaß wird nun enger Mitarbeiter, zuletzt Prokurist seines Freundes Wilhelm Leuschner, ebenfalls Sozialdemokrat, in der Weimarer Republik einer der „einflussreichsten... Gewerkschaftsführer" (aaO/67) und früherer hessischer

Innenminister. Leuschner gehört zum Widerstandsnetz um Julius Leber, Jakob Kaiser und Max Habermann. Obwohl Hermann Maaß 1938 ein Angebot hat, an die Harvard-Universität zu gehen, entscheidet er sich, im Lande zu bleiben, um „die Diktatur …von innen her zu bekämpfen" (aaO/68) und so Verantwortung zu übernehmen. Spätestens 1938 ist Maaß im Widerstand aktiv, mit weitreichenden Kontakten zur Abwehr um Hans Oster, zu Ernst von Harnack (der durch den „Preußenschlag" sein Amt verlor), zu Klaus Bonhoeffer, zu Generaloberst Beck, dem höchst verantwortlich-gewissenhaften zurückgetretenen Chef der Heeresleitung. Das Konzept „einer demokratisch strukturierten Einheitsgewerkschaft" (aaO/71) entwickelt Maaß mit – und trifft sich mit den Kreisauern, die in der Gewerkschaftsfrage andere Konzepte verfolgen, auch mit Goerdeler, Graf Stauffenberg und Graf Schwerin. Kurzum: Hermann Maaß ist ein Intellektueller und eine starke Persönlichkeit, Exponent der Arbeiterbewegung, jugendbewegt. Im Widerstand übernimmt er eine Scharnier-Funktion; er steht für eine Verankerung und „breitere Zustimmung… der Arbeiterschaft" (RB) im Blick auf einen Neuanfang nach Hitler. Außerdem ist er einer der Vordenker des DGB. Zur privaten Seite: Verheiratet ist Hermann Maaß mit der ebenfalls jugendbewegten Eva geb. Habich, Absolventin einer „sozialen Frauenschule in Hamburg" (8055/46). Aus der Ehe gehen sechs Kinder hervor. Die beiden ersten Töchter, Uta und Cornelia, kenne ich aus der Forschungsgemeinschaft 20. Juli. Die große Familie wohnt ab 1928 in Babelsberg. Die Kinderschar ist wohl Ausdruck der Hoffnung ihrer Eltern auf gelingendes, sinnvolles, zukunftsträchtiges Leben. Uta Maaß erinnert sich, dass der Generalstabsoffizier Stauffenberg die Familie zweimal besucht und beeindruckt hat. Denn: Er hat ihre Mutter, „die hoch in Erwartung ihres sechsten Kindes war, mit einem Handkuss begrüßt… Ich sehe das noch vor mir, und ich fand das wunderschön und einmalig" (7342/259), sagt Uta Maaß. Am 20. Juli sagt Hermann Maaß ihr, dieser Tochter, dass Stauffenberg der Hitler-Attentäter sei. „Dann bist du in höchster Lebensgefahr", erwidert die Tochter – und der Vater antwortet schlicht und klar: „Ja" (ebd). Tatsächlich wird er am 8. August 1944 in Berlin verhaftet, und Uta Maaß quält es lange, dass sie als 16-jährige an diesem Morgen nur aus dem Bett „Auf Wiedersehen“ geantwortet habe, denn sie hat ihren Vater nicht wiedergesehen. Maaß ist am 20. Oktober – mit Leber und Reichwein - zum Tode verurteilt und in Plötzensee hingerichtet worden. Seine Frau hat bis zuletzt mit Gnadengesuchen um ihn gekämpft. – Aus der Haft gibt es Briefe, voll innerer Klarheit in schwerer Zeit, so nach einer Bombennacht: „Mein Leben liegt hinter mir. Der Tod steht vor mir“ (8055/11). „Seit meiner Jugend waren für mich allgemeine, gültige, menschliche Liebe, Gerechtigkeit und der Einsatz für eine wohlgeordnete Gemeinschaft, die auch vor Gott bestehen kann, die treibenden Kräfte, die mich über die Familie und den Beruf hinaus zum Einsatz für Volk, Staat und Gesellschaft drängten“ (ebd), schreibt er. Entscheidende Kraftquelle für ihn ist sein „Gottesglaube“ (aaO/12), eine elementare „Verbundenheit“ und „Einigkeit mit Ihm“ (ebd), die das Menschliche vertieft – und „große Musik“ (ebd) zeugt davon. Seiner Frau widmet er: „Ich liebe dich gottverbunden, so lange ich lebe. In diesen Tagen der Einsamkeit und der inneren Läuterung bin ich gleichermaßen reif geworden zum Tode wie zu einem neuen Leben. Ich beuge mich Gott in Demut – Dir und den Kindern in Liebe“ (aaO/17). Und in den letzten Zeilen vor der Hinrichtung, drei Tage vor seinem 47. Geburtstag, heißt es: „Lebt wohl. Gott sei euch gnädig... Im Geist bleibe ich Euch“ (aaO/45). – Es dauert ein paar Tage, bis Eva Maaß erfahren muss, dass alle Gnadengesuche ins Leere gehen. Dann wird ein blauer Umschlag zugestellt, drinnen die Mitteilung über das vollstreckte Todesurteil. Auch daran erinnert sich die Tochter Uta: „Von dem Moment an ist meine Mutter versteinert... sie war zu, ... für uns nicht mehr erreichbar“ (7342/260). Eva Maaß erkrankt schwer. „Ein wirkliches Verlöschen ohne jeden Widerstand. Es gab keine Kraft mehr in ihr, ... nichts mehr“ (aaO/261). Am 25. November stirbt sie. „Tod aus gebrochenem Herzen“, (aaO/255) sagt Uta Maaß. Nun sind die sechs Kinder ohne „Geborgenheit des Elternhauses“ (aaO/7). –

Zwei Jahre später widmet die Großmutter ihren Enkelkindern und dem engeren Freundeskreis „Ein Vermächtnis“ – auf sechs Druckseiten. Uta Maaß hat es mir geschenkt. „Wahre, wirkliche Charaktergröße, Würde, Stärke und Reinheit des

Herzens besitzt und offenbart der, … dem es möglich ist, im Angesichte seines Mörders, festen Ganges, klaren Geistes und mutig offenen Wortes in den Tod zu gehen“ (DHZ, 3), heißt es dort – und – die „tiefgründige Ehe“ von Hermann und Eva Maaß hat beide zu ungewöhnlichen „Persönlichkeiten reifen lassen“ (aaO/6). Es sind Worte voller Idealismus, voll jugendbewegter Empathie. Den Enkelkindern sei eine klare „Zielrichtung… vorgelebt“ (aaO/7): der „Dienst…an Anderen und am Ganzen“ (aaO/6), urteilsklar, geradlinig, charakterstark, von ausgeprägt „verantwortungsbewusst(em) tatkräftige(m) Ethos“ (7027/64). Die Großmutter beschwört „das Walten einer göttlichen Schutzmacht über Euerem Leben“ (DHZ, 7), wozu sie „den göttlichen Segen“ (aaO/8) erfleht. Hermann und Eva Maaß sieht sie als „Verklärte…“ (ebd) im Sinne des Bibelwortes: „Größere Liebe hat keiner, denn der sein Leben hingibt für seine Freunde“ (Jh. 15, 13). Walter Jens übersetzt diese Zeilen aus dem Johannes-Evangelium so: „…denkt, heute und morgen, daran, dass die Liebe am größten ist, wenn einer sein Leben hingibt für seine Freunde“ (dass., 4410/93). Keine leichtfertige Lebenswertung schwingt hier mit, kein aufgesetztes Helden-Pathos, sondern die Klarheit, dass es Maßstäbe und Ziele gibt, für die es lohnt, wirklich aufs Ganze zu gehen. Glaube, Hoffnung, Liebe, Gerechtigkeit, Widerstand gegen Unheil und Unheiliges. Mittendrin gibt es so etwas wie eine Sozialbindung des Lebens. Ohne auszuweichen. Ohne Verblendung. Leben- und Sterben-Können für Kostbares, Lohnendes. Darauf liegt, über Brüche hinaus, wirklich „göttliche(..r) Segen“ (DHZ, 7). 1933 hatte Hermann Maaß geäußert: „..der Geist darf sich nicht beugen, unter keinen Umständen, es sei denn, bei Strafe seinen von Gott stammenden Adel zu verlieren“ (7027/66). Er hat ihn behalten, diesen Adel aus Gottes Segen. Amen.

Heinrich Graf (*1909 +1944) & Gottliebe Gräfin von Lehndorff (*1913 +1993) & Mk. 5, 36b

Im Herbst 2014 hat sich für mich ein lange gehegter Reisewunsch erfüllt: Masuren. Der grandiosen Landschaft wegen wollte ich dorthin, Seen, Wälder, Alleen, der kulturellen Blüte wegen, Land der Dönhoffs und Lehndorffs, eines Siegfried Lenz und Ernst Wiechert. Namen, die doch noch genannt werden – und der monströsen Wolfsschanze wegen, Schauplatz des Stauffenberg-Attentats auf Hitler am 20. Juli 1944. Längst waren mir die Berlin-Schauplätze vertraut: Bendlerblock und Plötzensee, Hortensienstraße, Tristanstraße, Marienburger Allee. Jetzt war es Zeit, auch die ostpreußischen wahrzunehmen, mittendrin jene gespenstisch anmutende Beton-Bunkerwelt, einst hermetisch abgeschirmt, getarnt – und die Botschaft der überdicken Mauern ist als Frage gegenwärtig: Mit wieviel Angst muss in der braunen Diktatur regiert worden sein?! Immerhin, auf Hitler und sein Gefolge hat es in der Wolfsschanze von den 41 oder 42 Attentaten fünf Versuche gegeben. Das Attentat durch Stauffenberg am 20. Juli kostet drei Teilnehmer in der Lagerbaracke das Leben. Leicht verletzt kommt Hitler davon (vgl. 8006/100f). Die Wolfsschanze ist heute unter der Ägide der polnischen Nachbarn gut zugänglich und historisch erschlossen, durchweg zweisprachig, vor allem als Ort des Attentats. Die ehemaligen Adelssitze sind hingegen bis auf ganz wenige Ausnahmen zerstört oder verfallen. Anders das hölzerne Jagdhaus von Steinort, das an neuem Ort in der Johannisburger Heide wieder aufgebaut ist: Innen im Obergeschoss mit einer feinen, privaten Dönhoff-Gedenkstätte, im Untergeschoss zur Bewirtung von Gästen umgestaltet und betrieben. Dieses Jagdhaus gehörte zu meinen Reisezielen. - Dem Adelssitz Steinort, seit 1420 „Eigentum der Familie“ (4659/140) Lehndorff in Masuren, fällt im Juni 1941 mit dem deutschen Angriff auf die Sowjetunion eine ganz besondere Rolle zu. In die unmittelbare Nähe sind „das Führerhauptquartier *Wolfsschanze* und das Oberkommando des Heeres *Mauerwald*“ (7406/147) verlegt. So liegt Steinort plötzlich im Umkreis der hauptsächlichen Machtzentrale sowohl Hitlers als auch der militärischen Führung unter Generalfeldmarschall Wilhelm Keitel. Dem masurischen Schloss Steinort, am Mauersee auf halber Strecke zwischen Rastenburg und Angerburg gelegen, kommt dadurch eine zentrale Bedeutung zu, dass „den linken Schlossflügel“ (aaO/181) requiriert Außenminister Joachim von Ribbentrop requiriert, noch im Juni 1941, gleich nachdem Hitler am 24. Juni, ausgerechnet am Johannistag, sein neues Hauptquartier „als erste Amtshandlung auf den Namen *Wolfsschanze* taufte“ (aaO/174). Steinort ist nun Außenstelle und Vorposten des Außenministeriums, und gleichzeitig ein Ort des Widerstandes gegen die Nazi-Herrschaft. Wie das? Dank eines fabelhaften Buches von Antje Vollmer aus dem Jahr 2010 mit dem Titel „Doppelleben. Heinrich und Gottliebe von Lehndorff im Widerstand gegen Hitler und von Ribbentrop“ (7406) – kann man klare, tiefe Einblicke gewinnen, und meine Wertung dieses Buches im Superlativ wird von vielen Fachleuten geteilt – sie ist also fundiert und nicht etwa nur ein Echo auf meine persönliche und fachlich-sachliche Nähe zu Antje Vollmer oder die lebhaft gute Erinnerung an ein Gemeinde-Gespräch mit ihr hier zu diesem Buch im Mai 2011.

Heinrich Graf von Lehndorff wird am 22. Juni 1909 als Spross einer der führenden preußischen Familien geboren. Die Lehndorff- und die Dönhoff-Kinder wachsen gemeinsam auf, mit Begeisterung für „Pferde, weites Land“ (4984) – so im sprechenden Titel eines Buches seines Vetters Hans, mit engem Kontakt zu Bediensteten mehr als zu den gräflichen Eltern, welche die Kinder eigentlich nur „bei den gemeinsamen Mahlzeiten sahen, wo die Eltern das Gespräch bestimmten, bei Familienfeiern und beim Gutenachtsagen“ (7406/50). Verantwortliches Miteinander der Kinder-Generation prägt sich aus, freies, standesgemäßes Aufwachsen vor allem unter Gleichaltrigen. Mit der Schwester Sissi und dem jüngeren Bruder Ahasverus wächst der junge Graf heran. Seine Schwester „und Marion Dönhoff eroberten sich auf dem Pferderücken nicht nur Respekt, sondern auch manche Freiheiten, die die Generation ihrer Mütter noch nicht gehabt hatten“ (aaO/55). Mit 13 Jahren kommt Heinrich, vorher von Hauslehrern ausgebildet, aufs Gymnasium in Königsberg, im Jahre darauf in die Klosterschule Roßleben, „eine allererste Adresse, deren Abschluss den Zugang zu allen Universitäten Deutschlands eröffnete“ (aaO/61), und – weil dort vor allem Geradlinigkeit und Urteilskraft vermittelt wurden: Zwölf Absolventen dieser Schule waren später am Widerstand gegen Hitler beteiligt, acht davon führend: Witzleben, Peter York, Helldorf, Ulrich-Wilhelm Schwerin, Halem, Breitenbuch, der nicht adelige Hayessen aus dem „Stab von General Olbricht“ (aaO/65) – und eben Heinrich Lehndorff. Doch so weit ist es noch nicht. Zunächst studiert er in Frankfurt am Main, wo seine Schwester Krankenpflege lernt und Marion Dönhoff Betriebswirtschaft studiert. Heinrich absolviert seinen Wehrdienst – dann übernimmt er nach dem Tod eines Onkels 1936 Steinort, „eines der größten Güter in Ostpreußen“ (aaO/81). Während der Olympiade in Berlin trifft er seine spätere Frau, Gottliebe Gräfin Kalnein wieder, „ein auffallend schönes Mädchen“ (aaO/83). Schon in Ostpreußen waren sich die beiden begegnet. Gottliebes Eltern waren geschieden, hatten neu geheiratet. Mit 15 Jahren kommt die Gräfin ins Internat Schloss Wieblingen unter Elisabeth von Thadden – wie Roßleben ein Hort des Widerstandes. Auch Nina Stauffenberg ist dort zur Schule gegangen. Und die Schulleiterin ist im Widerstand, sie gehörte zur Bekennenden Kirche und zum Solf-Kreis, hingerichtet worden. – Während Heinrich Lehndorff eher ein masurisches Landkind ist, entwickelt Gottliebe Kalnein eine beachtliche Weltläufigkeit. Dem Willen ihrer Mutter folgend, die in Hamburg-Volksdorf verheiratet war, verbringt sie eine Auslandszeit in Bogota auf der Kaffee-Hazienda des Stiefvaters. 1934, als 21-jährige, kehrt sie nach Berlin zurück – und ist entsetzt über die Nazi-Herrschaft. Während der Olympiade 1936 ist es Aufgabe der jungen Gräfin, die fließend spanisch spricht, „die argentinische Polomannschaft zu betreuen“ (aaO/107). Gottliebe ist während dieser olympischen 16 Tage fast pausenlos im Einsatz – und ist schließlich „vollkommen übermüdet und erschöpft“ (aaO/124). Heinrich fährt mit ihr in seinem Cabriolet „fast ohne Halt nach Steinort“ (ebd). „Naturnähe... Einfachheit... Ruhe“ (aaO/127). Die beiden verlieben sich, im Februar 1937 heiraten sie, Pastor Martin Niemöller traut die beiden. Gottliebe ist Schloss-Herrin. Ende 1937 wird die erste von vier Töchtern geboren. Gutsleben in Masuren. Nicht nur Heinrichs jüngerer Bruder Ahasverus ist ein kritischer Geist und engagiert sich im Widerstand, bis er mit 25 Jahren an der Ostfront fällt. Heinrich Lehndorff ist an einer militärischen Karriere nicht gelegen. Er wird Ordonnanzoffizier bei Generalfeldmarschall Fedor von Bock – und bleibt schließlich „einfacher Oberleutnant“ (aaO/146). Wiederholt gelingt es ihm, „für die Verwaltung seines Betriebes u.k. gestellt“ (ebd) zu werden, weil Steinort ja nicht am Rande, sondern im Zentrum des Machtapparates liegt, das heißt auch, dort zusätzlich „ mit 2000 bis 4000 Essern“ (aaO/147). Allein dafür ist ein funktionierendes Gut von höchstem Interesse. Gleichzeitig gelingt es dem Grafen, „auf seinem Gut unauffällige Treffen und Besprechungen des engsten Zirkels der Verschwörer zu arrangieren“ (ebd). Im linken Schlossflügel sitzt Hitlers Außenminister mit seinem Stab, rundherum aber Widerstand, Gutsbetrieb, Familienleben. Widerstand ist dort nicht nur das Vermächtnis-Thema durch den gefallenen Bruder. Widerstand in Steinort gründet sich stark auf die Kenntnis von einem „Massaker an 7000 Juden durch eine SS-Einheit“ (aaO/151). Heinrich und Gottliebe Lehndorff teilen Abscheu und Widerstandswillen – und fungieren als widerständige Gastgeber. Geländefahrten und Ausritte werden konspirativ genutzt: Tresckow, Schlabrendorff, Schulenburg, Bussche, Uexküll, Moltke, Dohna – sie alle und andere mehr sind in Steinort zu Gast. - Am 18. Juli 1944 wird Gottliebe Lehndorff einunddreißig, ein kleines Abendessen im Schloss, keine „richtige Feierlaune“ (aaO/246). Die Gräfin ist hochschwanger, die Geburt des vierten Kindes steht bevor – und das Attentat auf Hitler in der Wolfsschanze auch; am 15. Juli im letzten Moment verschoben, Anspannung… Heinrich räumt seinen Schreibtisch auf. Gottliebe kniet sich „mit ihrem dicken Bauch ans Bett und betet „Wenn alles bricht, Gott verlässt uns nicht, größer als der Helfer ist die Not ja nicht…“ (aaO/249) – und dann legen sich die Eheleute ins Bett, mindestens zwei Stunden ganz still nebeneinander“ (ebd) – und fühlen, dass sie zusammengehören, dass sie sterben können, dass die Möglichkeit besteht, sich hier nicht wiederzusehen. – Der 20. Juli – das Attentat scheitert – und zeigt doch ein anderes Deutschland. Vor dem Zugriff der SS kann Heinrich Graf Lehndorff in Steinort durch einen Sprung aus dem Fenster fliehen. Doch er stellt sich – kann in

Berlin abermals fliehen, und stellt sich erneut. „Am 23. Juli wird Gottliebe Gräfin Lehndorff aus Steinort verwiesen“ (aaO/270). Am 15. August bringt sie ihre vierte Tochter zur Welt, in einem Gefängnis-Krankenhaus in Torgau. Am 4. September wird Heinrich zum Tode verurteilt, und noch am selben Tag hingerichtet. Gottliebe kommt mit der Neugeborenen nach Halle. Die drei größeren Töchter sind in Sippenhaft im „geheim gehaltenen Kinderlager bei Bad Sachsa“ (aaO/334). Marion Gräfin Dönhoff gelingt es „irgendwann Mitte Dezember“ (aaO/337), sie dort abzuholen und zur Mutter mit der jüngsten Tochter nach Mecklenburg bringen – bis die Flucht gen Westen nach Hamburg und Bremen führt. Wochen nach dem Tod ihres Mannes bekommt Gottliebe Lehndorff seinen Abschiedsbrief, geschrieben „in der Gewissheit einer unzerstörbaren Gemeinsamkeit“ (aaO/340). Er schreibt, er habe durch Gottes Hilfe „alle Belastungen in einer Weise überstehen“ (aaO/341) können, wie er „es vorher nie für möglich gehalten hätte“ (ebd), in einer „völlige(n) Wandlung“ zu „neue(n) Maßstäben“ (ebd). Er fasst dies zusammen im „Bibelspruch: Fürchte Dich nicht, glaube nur“ (aaO/342). Schwer ist es ihm, dass er die vierte Tochter, „dieses kleine Menschlein, das doch von mir stammt, nie im Leben sehen werde“ (aaO/344). Doch er fügt hinzu, die letzten Wochen hätten ihn „wirklich *gläubig* gemacht“ (aaO/346). Darin sieht er für sich und die Seinen „die stärkste Waffe, die man haben kann“ (ebd). Sehr innige, liebe Wort findet Heinrich Lehndorff, Zeugnis eines „tief überzeugten Christen, der auch nach eingehender Gewissenprüfung nichts von dem, was er getan hat, zurücknimmt und der durchdrungen ist von der Gewissheit der Gnade“ (4659/153), schreibt seine – eher nüchtern argumentierende – Cousine Marion Gräfin Dönhoff. Heini Lehndorff ist, „als er diesen Brief ...(schreibt), fünfunddreißig Jahre alt, Gottliebe... einunddreißig. Die Kinder sechseinhalb, fünf und eineinhalb Jahre alt. Die jüngste...erst 19 Tage auf der Welt“ (7406/351), stellt Antje Vollmer heraus. Ihr großartiges Buch hilft vielen, an dieses besondere Widerstandspaar zu denken. Gottliebe stirbt 1993. Die Töchter leben. Die zweite wird als Top-Model weltberühmt: Veruschka. Steinort wird inzwischen wieder gepflegt, die Erinnerung wachgehalten. Und die „stärkste Waffe, die man haben kann“ (aaO/346), ist stets und allen zugänglich. „Fürchte dich nicht, glaube nur“ (Mk. 5, 36b). Amen.

Christoph Probst (*1919 +-1943) & 2. Sam. 22, 29-31a.33; Ps. 18, 37a

Was fanatisierte Massen, entsprechend primitiv aufgeheizt und angestachelt, zu brüllen imstande sind, lässt sich an einer Versammlung im vollbesetzten Berliner Sportpalast ablesen. Dort stellt der Reichspropagandaminister laut und schneidend die rhetorische Frage: „Wollt ihr den totalen Krieg?" (6443/39) – und die Masse jubelt: „Ja!". Februar 1943 in der deutschen Hauptstadt, im Land von Bach und Dürer, Goethe und Einstein, Beethoven und Humboldt. Vermutlich hätte diese Masse auch „ja" geschrien, wenn die Frage gelautet hätte: „Seid ihr wahnsinnig ?!". Und da wäre die Antwort ja richtig und wahr gewesen. – Also: Was Massen denken, ist immer mit Vorsicht zu genießen. Meinungsumfragen schwanken, und mit ihnen werden Antworten gemacht. Oder anders gesagt, mit einer Lebensregel, die Marianne Birthler in ihren Erinnerungen kundtut, sie verdankt sie einem weisen Lehrer zu Zeiten der DDR-Diktatur: „Merken Sie sich eins: Wenn viele Menschen einer Meinung sind, ist daran immer etwas faul!" (7890/57). Oder: Zur freien Meinungsäußerung gehört immer die nötige Portion Mutes zur fundierten Freiheit, zur verantwortlichen Orientierung und Urteils-Klarheit – und eine Prise an Widerspruch durch fundierte andere…

Beide Wirklichkeiten treffen unmittelbar aufeinander. Propagandaminister Joseph Goebbels will die Heimat aktivieren. Sie habe „kein Recht, in Frieden zu leben, wenn die Front ungeheure Lasten und Gefahren auf sich nehmen muss" (6443/39) – hat er vorher in der Wolfsschanze Hitler erklärt. Seine Kundgebung soll „reichsweit im Rundfunk" (ebd) übertragen werden, um in der Bevölkerung „Fanatismus… für…den Endsieg" (ebd) zu wecken. Goebbels aufpeitschende, 109-minütige Rede endet mit dem Anklang an ein Theodor-Körner-Zitat: „Nun, Volk, steh auf, und Sturm bricht los" (ebd) – am 18. Februar 1943. Just am Morgen jenes Donnerstages verteilen Hans und Sophie Scholl im Lichthof ihrer Münchener Universität Flugblätter, die gleich um 11 Uhr, wenn Vorlesungs-pause oder –ende ist, aufgefunden werden sollen. Das

6. Flugblatt der „Weißen Rose“, der studentischen Widerstandsgruppe dort. Dieses Flugblatt folgt weithin einem Entwurf ihres mutigen Professors Kurt Huber. Nach der Stalingrad-Katastrophe sollen die Gewissen aufgerüttelt werden. Und wie abends bei Goebbels im Berliner Sportpalast endet auch hier am Morgen desselben Tages der Text mit einem Körner-Zitat: „Frisch auf, mein Volk, die Flammenzeichen rauchen!“ (6277.16.4.6).

Einige aus dem Kern der „Weißen Rose“ habe ich mit Widerstands-Predigten hier gewürdigt: Sophie und Hans Scholl, Kurt Huber, Willy Graf und Alexander Schmorell. An jenem Donnerstag mit dem bemerkenswerten Doppelgesicht werden Hans und Sophie Scholl erwischt und verhaftet. Ihnen wird kurzer Prozess gemacht, vom Präsidenten des Volksgerichtshofes, Roland Freisler, der nach München eilt. Diesem Geschwisterpaar und einem Dritten, den ich heute würdige: Christoph Probst. Dieser Mitstudent aus der „Weißen Rose“ spielt in diesem Kreis insofern eine Sonderrolle, weil er verheiratet und junger Familienvater ist. Hochzeit im Krieg, 1941, kurz nach dem deutschen Überfall auf Russland. Einerseits ist Christl Probst, wie er im Freundeskreis genannt wird, privat-familiär stark in Anspruch genommen, andererseits teilt er, mit Alexander Schmorell seit der Schulzeit befreundet, dessen Liebe zur russischen Kultur und sieht eine „hoch kulturelle Einheit“ (7998/47). Schon dies bringt ihn und seine Mitstudierenden, alle stammen aus kultivierten Elternhäusern, in klaren Gegensatz zum braunen Zeitgeist. Christoph Probst, geboren am 6. November 1919 im bayerischen Murnau, wächst mit einer älteren Schwester auf. Beide Eltern sind promoviert, die Mutter als Pädagogin, der Vater als Chemiker, eher wohlhabend, Privatgelehrter und Sanskrit-Forscher, zudem befreundet mit damals als „entartet“ geltenden Künstlern wie Paul Klee und Emil Nolde. Von Nolde gibt es „Porträts von Christoph Probst und seiner Schwester“ (6643/109). In der Familie Probst unterrichtet die Mutter ihre Kinder zuhause, bevor sie weiterführende Schulen besuchen. „Kulturelle und religiöse Offenheit“ (ebd) prägen dieses Elternhaus. Zwei Belastungen: Die Eltern lassen sich scheiden, und die neue Stiefmutter, Elise Jaffee geb. Rosenthal, ist Jüdin. Der Gegensatz zum Zeitgeist verschärft sich. 1936 nimmt der Vater sich das Leben. Im Jahr darauf besteht Christl Probst sein Abitur in einem reformpädagogischen Internat. Seine Lehrer „charakterisieren...(ihn) als ungewöhnlich reifen, vornehmen, geistig lebendigen und kritisch urteilenden Schüler" (4998/293). Wehrdienst und Medizinstudium folgen, Versetzungen zum Studium und Sanitätsdienst ab Wintersemester 1941 nach Straßburg, ab Sommersemester 1942 nach Innsbruck folgen. Christl Probst's Familie lebt in der Nähe, im österreichischen Lermoos nahe der deutschen Grenze, in Blickweite zu Wetterstein und Zugspitze. Wer den Verhoeven-Film von 1982 zur „Weißen Rose" kennt, erinnert vielleicht die Szene einer ländlich-friedlichen Idylle im Krieg, als in der jungen Familie Probst katholische Kindstaufe gefeiert wird – mit Kammermusik, gepflegten Gesprächen und Kritik am Zeitgeist, ein starkes Gegenbild zu dem, was in jenen Jahren furchtbar durch die Welt rast und tobt, Krieg und Verfolgung. Der Orte und seiner Familie wegen erscheint Christoph Probst oft außen vor zu sein, und doch gehört er geistig zum Kern der „Weißen Rose". Einen kurzen Aufenthalt in München nutzt er, um mit den Freunden über Stalingrad zu sprechen und Hans Scholl einen eigenen Entwurf für ein siebentes Flugblatt der „Weißen Rose" zuzustecken, um den Deutschen die Augen zu öffnen. Das sechste Flugblatt, bei dessen Verteilung Hans und Sophie Scholl erwischt werden, ist, wie gesagt, von Professor Kurt Huber. Hans versucht noch, diesen handschriftlichen Entwurf von Christl Probst verschwinden zu lassen, vergeblich: Akribisch fügt die Gestapo die Schnipsel wieder zusammen, und Christoph Probst ist am 19. Februar 1943 der Dritte der Verhafteten. Trotz aller Bemühungen seitens der Scholl-Geschwister, ihn zu schützen und seine Beteiligung herunterzuspielen, wird auch er verurteilt, dieser junge Familienvater. Bei seinen Angaben zur Person steht: „Aus dieser (Ehe) sind bisher 3 Kinder im Alter von 4 Wochen bis 2 ½ Jahren hervorgegangen" (6443/426). Die Familie wiederzusehen wird ihm nicht gewährt. Vier Tage nach dem doppelgesichtigen Donnerstag mit Lichthof und Sportpalast werden die drei Todesurteile vollstreckt, mit dem Fallbeil in München-Stadelheim. Doch davor, in verdichteter Zeit, vollenden sich Wege. Christoph Probst, selbst „freireligiös erzogen und nicht getauft“ (aaO/110), ist in der „Weißen Rose“ Teil eines widerständig-studentischen Kreises, für welchen gilt: „Dominant...(ist) ein religiöser Ausgangspunkt“ (6693/37+7998/47). Kurz vor der Hinrichtung lässt Probst sich vom „katholischen Gefängnispfarrer“ (6443/110) taufen. Zur Person hatte er der Gestapo gegenüber bereits angegeben: „gottgläubig“ (aaO/423). Im Abschiedsbrief an seine Mutter schreibt Probst: „Ich danke Dir, dass Du mir das Leben gegeben hast. Wenn ich es recht übersehe, war es ein einziger Weg zu Gott. Da ich ihn abefr nicht gehen konnte, springe ich über das letzte Stück hinweg... Trauert nicht zu sehr um mich, ... ich bin ja nun im Himmel und kann Euch dort einen herrlichen Empfang bereiten. Eben erfahre ich, dass ich nur noch eine Stunde Zeit habe. Ich werde jetzt die heilige Taufe und die heilige Kommunion empfangen. Wenn ich keinen Brief mehr schreiben kann, grüße alle Lieben von mir. Sag ihnen, dass mein Sterben leicht und freudig war“ (aaO/110f). Leben, „ein einziger Weg zu Gott... Ich springe über das letzte Stück hinweg... leicht und freudig“ (ebd). Reife Schluss-Worte eines 23-jährigen. Schluss-Worte? Anfangs-Worte! Hier sehe ich Davids Danklied auf herrliche Weise aktualisiert: „Ja, du, Herr, bist meine Leuchte; der Herr macht meine Finsternis licht. Denn mit dir kann ich Kriegsvolk zerschlagen / und mit meinem Gott über Mauern springen. Gottes Wege sind vollkommen, des Herrn Worte sind durchläutert..., Gott stärkt mich mit Kraft / und weist mir den rechten Weg“ (2. Sam. 22, 29-31a.33; vgl. Ps. 18, 29-31a). „Du gibst meinen Schritten weiten Raum...“ (Ps. 18, 37a). Februar 1943. „Wollt ihr den totalen Krieg?“ (6443/39) – oder – „Wollt ihr die ewige Freiheit, weit und zivilisiert, hoffnungsvoll mit Gott im Bunde?“ – Lasst euer Gewissen, lasst euer Leben antworten. Da halte ich es – total klar und eindeutig - mit Probst – und keinesfalls mit Goebbels. Amen.

Cato Bontjes van Beek (*1920 +1943) & Mt.5, 44; 22, 39

Widerstand gegen die Hitler-Diktatur war vielgestaltig. Oft staune ich, wie wenige der vielen Widerstands-Persönlichkeiten wirklich bekannt geworden sind – Stauffenberg, Bonhoeffer, die Scholl-Geschwister, Moltke. Wird es dann nicht schon bei den meisten Heutigen dünn? Verhaftet sind etwa 7000 Menschen wegen ihrer Widerstands-Beteiligung, hingerichtet etwa 5000. Dazu kommen Unentdeckte. – Seit Jahren bin ich dabei, mit biographischen Widerstands-Predigten die Erinnerung zu stärken und breiter anzulegen. Unter den jungen, klugen Frauen des Widerstands ist Sophie Scholl von der „Weißen Rose" bekannt, 1943 im Alter von 21 Jahren hingerichtet. Auf die Rückseite der Anklageschrift schreibt sie „unbemerkt... zweimal das Wort „Freiheit", einmal davon in Großbuchstaben" (7427/458). Erst Jahrzehnte später wird diese Botschaft entdeckt. – Kaum entdeckt ist eine andere, ebenfalls widerständige junge Frau, ein halbes Jahr vor Sophie Scholl geboren, Enkelin des ersten Künstlers, Professor Heinrich Breling, der „sich in Fischerhude niederließ" und „auch Maler aus der benachbarten Künstlerkolonie Worpswede anzog" (8026/21). Otto Modersohn hat nach dem Tod von Paula eine Breling-Tochter geheiratet, die ganze Familie ist künstlerisch aktiv, auch die Tochter Olga, Ausdruckstänzerin, verheiratet mit dem niederländischen Keramiker Jan Bontjes van Beek. Fischerhude, Worpswede – eine freie Landschaft, ein besonderes Licht und ein freier, liberaler Geist. Drei Kinder haben diese künstlerischen Eheleute, Cato, Mietje und Tim. Die wachsen „in einer großen und weltoffenen Familie" (8038/31) auf. „Zwang in religiösen und politischen Fragen" (aaO/32) gibt es nicht. 1931, zehnjährig, kommt Cato Bontjes van Beek nach Amsterdam, um dort bei Verwandten die weiterführende Schule zu besuchen. Einerseits findet sie schnell Anschluss, andererseits hat die kinderlose Tante es dort schwer, sich auf einen so freien „Wildfang aus der norddeutschen Tiefebene" (aaO/35) einzustellen. Bis Juli 1933 bleibt Cato in Amsterdam, dann kehrt sie nach Fischerhude zurück. Der Kontakt zu den holländischen Verwandten bleibt intensiv – ein offenes Fenster, ein Stück Weltläufigkeit gegen einen enger werdenden Zeitgeist in Deutschland. Cato ist eine starke Persönlichkeit, voller Ideen und Tatendrang. Die Schwester Mietje erinnert sich an eine Begebenheit aus dem Sommer 1934. Cato vermeldet im Wohnzimmer vor der versammelten Familie, die Kinder sind nicht getauft: „Wir müssen jetzt getauft werden!“ (aaO/37). Sie überzeugt die Familie mit ihrem Vorstoß. „Tim holt(..) mit einem kleinen Zinkeimer aus der Wümme das Taufwasser“ (ebd) – und in der häuslichen Veranda vollzieht der Dorfpastor die Taufe der drei Kinder. Diesen Pastor hatte Cato seit einiger Zeit als Gesprächspartner gefunden, indem sie „lange und kontrovers über Gott und die Welt reden konnte“ (ebd). Sie ist eine eifrige Leserin; ihr Thema ist ‚Gerechtigkeit‘. „ „Onkel Toms Hütte“ verschlingt sie ebenso wie Klassiker, besonders die Russen „Dostojewski und Tolstoi“ (aaO/38). Quer zum Zeitgeist. Die Mutter, Ausdruckstänzerin, parodiert zuhause Goebbels und Hitler. Die Kinder lernen, „mit verbotenen Dingen umzugehen… und mit verborgener Sprache“ (aaO/39). Einschneidend: Die Eltern lassen sich scheiden, Cato wird konfirmiert, der Vater zieht nach Berlin und gründet dort mit einer neuen Gefährtin eine neue Familie. 1937 reist Cato nach England als Au-pair-Mädchen in eine Gastfamilie, trifft es gut, verbessert ihr Englisch schnell, lernt auch dort den Pastor kennen und schreibt: „Er… (ist) ganz nett, aber doch etwas überkandidelt, wie es ja fast jeder Pastor ist“ (aaO/44). Cato nimmt Fahrstunden, bessert mit Deutsch-Nachhilfe ihr Taschengeld auf – und für sie erfüllt sich ein Kindheitstraum: Zum ersten Male darf sie fliegen, ein überwältigendes Erlebnis. Und in den sieben Monaten in England verliebt sie sich in einen Studenten, John Hall. Im Herbst 1937 geht Cato nach Berlin, um eine Büro-Ausbildung zu beginnen. Sie notiert: „…die verdammte Buchführung… hat Gott bestimmt im Zorn erschaffen“ (aaO/52). In der Hauptstadt sieht sie „Hitler, Mussolini, Göring und Goebbels“ (aaO/51). Zum Trost und Ausgleich findet sie ihren Freiraum, mit dem sie den Gleich-schaltungsdruck der Nazis gleich mit erledigt. Cato Bontjes van Beek schließt sich in Berlin „der NS-Frauensegelfluggruppe an“ (aaO/52). Ihrer Schwester schreibt sie: „Ich werde ja doch immer meine eigenen Wege gehen… Wenn ich nun Fliegerin werden will, so werde ich es auch“ (ebd). Im Frühjahr 1938 kehrt Cato nach Fischerhude zurück. Dort besucht sie ihr englischer

Freund, sie verloben sich – und genießen „Wärme und Offenheit“ (aaO/55) und den freien Geist im Künstlerhaus und Freundeskreis. Dazu gehört inzwischen ein in der Nähe stationierter Wehrpflichtsoldat, dem – „bis zum Ende des Dritten Reiches“ Haus und Familie zur „zweite(n) Heimat“ (ebd) werden. Dieser erinnert später an einen Hort der „Freiheit mit einem damals seltenen Freimut. Olga Bontjes hat ihre Kinder inmitten eines totalitären Systems zur Toleranz erzogen in der Überzeugung, dass Freiheit unteilbar...(ist) und für alle“ (ebd) gilt. Mit dem Soldaten führen die Mädchen herrliche Streitgespräche – und der wird später in der Demokratie Debattenredner, Senator, Minister, Bundeskanzler: Helmut Schmidt. - Cato bleibt eine wache, starke und sensible Persönlichkeit. Im Februar 1939 hält sie Träume fest: Probleme beim Fliegen, politische Gespräche beim Kaiserpaar in Doorn im Exil, Arbeiteraufstand, Trauermarsch – und sie träumt vom eigenen Tod, sie seit mit anderen zum Tode verurteilt. Den Grund weiß sie nicht. Ohne „die geringste Trauer“ (aaO/57) begibt sie sich aufrecht in die Hand des Scharfrichters, aufgezeichnet im Frühjahr 1939. Dann ist Krieg. Ihr Verlobter ist in England. „Liebet eure Feinde wie euch selbst“ (aaO/60), notiert Cato, nicht nur für sich, sondern als gültige Losung. Reichsarbeitsdienst 1940 bei Rastenburg in Ostpreußen. Abends liest sie: Maxim Gorkis Sozialismus spricht sie an. Rückkehr nach Berlin, wo ihre Schwester eine Ausbildung als Grafikerin macht. Innere Bindung an John Hall in England, ein Freundeskreis in Berlin. Dazu gehört der kommunistische Lyriker Heinz Strelow. Durch ihn kommt Cato zum Widerstand. Sie schließt sich einer Gruppe an, welche die Gestapo später ‚Rote Kapelle‘ nennen wird, um Harro Schultze-Boysen herum, der zuweilen als „Luftwaffenoffizier in voller Montur“ (aaO/99) Aktionen sichert, wenn die Gruppe in Berlin Zettel aufklebt mit folgender Inschrift: „STÄNDIGE AUSSTELLUNG: Das NAZIPARADIES Kriege, Hunger, Lüge, Gestapo. Wie lange noch?“ (ebd). Inzwischen ist der jüngste, der Bruder Tim nach seiner Schulzeit in Salem Rekrut in Ludwigsburg. Er schreibt: „Man müsste es in alle Welt hinausschreien, dass hier Verbrecher am Werke sind, die mit den satanischsten Mitteln jedes Geschöpf Gottes zu einer Nummer umformen“ (aaO/103). – Ende

August 1942 gelingt es der Gestapo, Funksprüche des sowjetischen Geheim-dienstes zu entschlüsseln. Mitglieder der ‚Roten Kapelle' werden verhaftet, am 20. September 1942 auch Cato Bontjes van Beek. Haftzeit, Verurteilung. Heinz Strelow, der kommunistische Freund, schreibt ihr zuletzt. „Gott schütze dich" (aaO/136). Cato wird „wegen Beihilfe zur Vorbereitung des Hochverrats und zur Feindbegünstigung zum Tode" (aaO/137) verurteilt. Einem Freund schreibt Cato noch: „..suche das Schöne in der Kunst und in jedem Menschen. Und lerne mit dem Herzen zu denken… Gott schütze dich" (aaO/139). Gnadengesuche. „Auch der Vorstand der Kirchengemeinde Fischerhude" schreibt „nach Berlin" (aaO/141). Cato wendet sich an ihre Mutter: „Eine ganz große Leichtigkeit habe ich in mir, und die nimmt mir alles Schwere" (aaO/142). Sie erkennt, dass im Ernstfall „nur weniges…Bestand" (aaO/146) hat, an erster Stelle „die Bibel. Ich bin sehr froh, dass ich das Neue Testament hierhabe" (ebd). Göring spricht sich für eine Begnadigung von Cato aus, der oberste Reichsflieger für die Fliegerin. Cato träumt, sie habe Bachs Matthäus-Passion wieder gehört, sie schreibt ihrer Mutter: „… es war wunderbar. Es ist doch herrlich, dass diese göttlichen Dinge uns allen gehören" (aaO/167). Hitler lehnt einen Gnadenerweis ab. Am 5. August 1943 wird Cato Bontjes van Beek, 22-jährig in Plötzensee hingerichtet. Vorher hat sie im Abschiedsbrief ihrer Schwester geschrieben: „Weißt du, lies doch mal ganz systematisch die vier Evangelien. Du glaubst gar nicht, wie stark man durch dieses systematische Lesen wird… (aaO/177), wie es einen „geistig weiterbringt" (aaO/178). Mit Pastor Ohm hat sie Abendmahl gefeiert und gesprochen. Seine „Frage: Wenn es noch ein Zurück gäbe - ?" (aaO/181) bricht sie ab: „Nein… Ich will vorwärts. Dies ist kein Ende" (ebd). „Wenn doch der Hass getilgt wäre und die Menschen zu Gott kämen" (aaO/182). – Weil die Gestapo Cato Bontjes van Beek zur kommunistischen 'Roten Kapelle' zählt, wird ihr Lebenszeugnis in Zeiten des Kalten Krieges lange unterschätzt. Dabei ist sie eher fromm und frei, eher eine künstlerische Persönlichkeit als eine fanatische Kommunistin.

„Liebet eure Feinde wie euch selbst“ (aaO/60), hat Cato geschrieben, eine persönliche, knappe Zusammenfassung aus dem Geist der Bergpredigt – in herausfordernder Zeit. Mit sogenannten Feinden war sie persönlich, politisch, kulturell verbunden. Freiheit unter dem offenen Himmel wusste sie zu schätzen, widerständig zu verteidigen und zu erweitern. „Liebet eure Feinde und bittet für die, die euch verfolgen“ (Mt. 5, 44), hat Jesus gesagt. Und: „Du sollst deinen Nächsten lieben wie dich selbst“ (Mt. 22, 39). Darauf hat Cato Bontjes van Beek ihr Leben gesetzt. „Ich will vorwärts. Dies ist kein Ende“ (8038/181) Wir tun gut daran, diese klare, mutige junge Frau – um Gottes und um der Botschaft und um uns Menschen willen nicht zu vergessen. Amen.

III. Respekt, Beiträge zum Religions-Dialog Christentum, Judentum, Islam – in Rückblick und Gegenwart

Königin von Saba & 1. Kön. 10 / 2. Chr. 9

„... Narzissus und die Tulipan, / die ziehen sich viel schöner an / als Salomonis Seide“ (EG 503, 2). So lässt Paul Gerhardt mit weitem Herzen singen, und viele singen es gern mit, auch ich. Angespielt wird hier auf Pracht und Reichtum von König Salomo – und letztlich darauf, dass die schönen Blumen in Gottes Schöpfung noch „viel schöner“ (ebd) sind. Paul Gerhardt nennt dafür zwei Blumenarten, die aus dem Mittelmeergebiet zu uns gekommen sind. Die Tulpe ist früh in der heutigen Türkei kultiviert worden, sie war Wappenblume der Osmanen und ist von dort zu uns gelangt, nicht aus Holland. Dies nur nebenbei. Mich interessiert heute stärker, woher Salomo seinen Reichtum hatte, dieser Sohn Davids, der als dessen Nachfolger – wie er – König über das aus Israel und Juda vereinigte Ganz-Israel war, bis 926 vor Christus. Prachtentfaltung, Tempelbau im Reich, „ausgedehnte Handelsbeziehungen“ (1725/436), Bau eines Hafens am Roten Meer bei Elat (1. Kön. 9, 26) „für seine eigene Handelsflotte“ (1725/436)., parallel zur alten Gold- und Weihrauchstraße, die auf die arabische Halbinsel führt, bis an den Golf von Aden in den heutigen Jemen. Dort liegt das antike Saba. „Es ist wahrscheinlich, dass wir das Datum für das Aufkommen des Königreiches von Saba und das Wachsen der Wüsten-handelsrouten in den letzten Teil des 2. Jahrtausends v. Chr. zurückdatieren müssen“ (512/111), also auf tausend Jahre vor Salomo, „als das Kamel gezähmt und die arabische Welt erstmals mit einem Transportmittel ausgestattet wurde, das für ausgedehnte Reisen durch die Wüste angemessen war“ (ebd). Als Salomo mit Sinn für Pracht, Handel und Verkehrswege Aufsehen erregt, soll es dann zu einem „berühmte(n) Besuch der Königin von Saba“ (ebd) bei ihm gekommen sein. Gleichlautend wird er in zwei biblischen Berichten geschildert, 1. Kön. 10 und 2. Chr. 9. Und dort klingt an, dass diese Königin eine frühe „Wirtschaftsmission“ (ebd) leitet, um ein „Abkommen mit der neuen Macht (zu vereinbaren...), die am Nordende der Route aufgekommen war“

(ebd). Auf der antiken Gold- und Weihrauchstraße mit Ausgangspunkt Saba (heute Südjemen) gibt es einen neuen, lohnenden Zielpunkt, den Tempel von Jerusalem und den Königssitz Salomos nebenan. Schien etwa durch den Erfolg seiner Schiffsflotte „das südarabische Monopol bedroht…?“ (ebd). Bemerkenswert: „In Quellen aus dem antiken Saba im heutigen Jemen“ (KvS, 1) wird nirgends eine Königin von Saba oder eine solche Reise erwähnt. Hingegen durchaus „in äthiopischen Legenden“ (ebd). Dort trägt die Königin „den Namen Mâkedâ“ (aaO/2). Besuch bei Salomo wäre zu wenig. Aus diesem Besuch soll „Menelik, … (der) Stammvater der äthiopischen Könige“ (ebd) hervorgegangen sein. Von Menelik wird erzählt, dieser habe später „die Bundeslade mit den beiden Tafeln der Zehn Gebote nach Äthiopien entführt“ (ebd). „Die Dynastie der Salomoniden, die von 1270 bis 1975 über Äthiopien herrschte, führte sich auf…Mâkedâ und Salomo zurück. Der letzte Kaiser Abessiniens, Haile Selassie, bezeichnete sich als 225. Nachfolger des Sohnes der Königin von Saba“ (ebd). Dichtung und Wahrheit, Legende und Wirklichkeit lassen sich hier schwerlich unterscheiden. Was Saba mit Äthiopien, fernab dieser alten Handelsroute, auf der anderen Seite des Roten Meeres, zu tun hätte, bleibt unklar. Ob die Königin von Saba „eine wirklich historische Person zum Vorbild hatte“ (aaO/1), auch. In der Bibel wie im Koran kommt sie jedenfalls vor, da spricht sie: „Mit Salomo bin ich Gott ergeben, dem Herrn aller Welt“ (Sure 27, 44). Im Neuen Testament wird ihre Weisheit mit der Salomos gepriesen und gesagt, sie werde beim Jüngsten Gericht auftreten (Mt. 12, 42 par). Im 1. Buch der Könige und genauso im 2. Buch der Chronik wird erzählt, wie die Königin von Saba König Salomo besucht – und staunt über Pracht und Weisheit: „du überholst an Weisheit und guter Art / die Sage, die ich sagen hörte“ (1. Kön. 10, 7; 1737/369) – und „Gesegnet sei ER, dein Gott, / der Lust an dir hatte / dich auf Jifsraels Stuhl zu geben! / Weil in Weltzeit ER Jifsrael liebt, / hat zum König er dich eingesetzt, / Recht und Wahrheit auszumachen“ (1. Kön. 10, 9; ebd) . Gold, Balsam, Edelsteine, edles indisches Sandelholz – es gibt einen reichlichen Austausch an Schätzen zwischen den königlichen Hoheiten. Entscheidend aber ist: Salomos Weisheit ist von solcher Art, dass sie vor allem an

Gott gebunden ist, Weisheit im Gottesbezug sozusagen. Später, im 17. Jh., hat Blaise Pascal dies auf eine eingängige Formel zu bringen gewusst, was es mit solcherart Weisheit auf sich hat, wie sie sich im Kern darstellt und erweist, er sagt: „Es gibt nur zwei Arten von Menschen, die man …(weise) nennen kann: die, die Gott von ganzem Herzen dienen, weil sie ihn kennen, und die, die ihn von ganzem Herzen suchen, weil sie ihn nicht kennen“ (917/9). Vielleicht umschließt diese beiden Arten den König Salomo und die Königin von Saba: Er ist weise, weil er „Gott von ganzem Herzen“ dient, weil er ihn kennt, und sie ist weise, weil sie „Gott von ganzem Herzen“ (ebd) sucht, weil sie ihn nicht kennt, doch an Salomos gott-gebundener Weisheit annäherungsweise kennenlernt. Und darüber werden Gold, Balsam, Edelsteine und edles indisches Sandelholz zum schönen Beiwerk. Schöne Hauptsache aber ist Gott. Ihn zu kennen, ihn zu suchen, ist Kern echter Weisheit. Festgelegt ist nicht der Weg, sondern das offene Gott-Dienen oder das nicht minder offene Gott-Suchen. Salomos Weisheit in Bindung an Gott ist jedenfalls wichtiger als seine Seide, wichtiger als seine Handels-Erfolge. Es wäre eine Engführung des Glaubens, diesen eng mit wirtschaftlichem Erfolg zu verknüpfen, wie eine Unsitte vor allem aus den USA dies bis in die Gegenwart betreibt. Es dient der Weitung des Glaubens, ihn stets mit offener Weisheit zu verbinden, am besten offen für einen klaren Gottesbezug. So weit waren schon König Salomo und die legendäre Königin von Saba. Ob ihr Bündnis auch zu einem gemeinsamen Sohn geführt hat, kann ich nicht beantworten. Dass – auch abgesehen davon – ein kulturübergreifendes Bündnis beiden zum Vorteil gereichte, ist offenkundig. Weite Bündnisse statt Abschottungen. Dies hat nicht zuletzt zum Wohlergehen Israels beigetragen. Premier Netanjahu sollte sich daran ein Beispiel nehmen. Dass König Salomo und die Königin von Saba Spuren hinterlassen haben, führt uns heute auf eine Spur, Weisheit zu pflegen und diese vor allem mit Gott in Einklang zu bringen, nicht abgrenzend, sondern einladend. Amen.

Kyros II der Große (559 – 530 v. Chr.) & Ps. 137,1; Esr. 6, 3-5; Jes. 45, 5

Wer hierzulande oder überhaupt die Kultur des christlichen Abendlandes wertschätzen und verteidigen will, muss die Kultur des Morgenlandes gebührend wahrnehmen und wertschätzen. Solche Verteidiger sind hier im Gottesdienst richtig, und nicht bei den Irrläufern, die – gottlob in deutlich abnehmender Zahl – in Dresden und sonst wo, im klaren Norden allerdings kaum auf die Straße gehen. Ihr Aufkommen hat mich empört, wegen der Ressentiments, die sie pflegen, wegen des Niveaus, das jedes wirkliche Niveau beleidigt, und wegen ihres viel zu kleinkarierten Bildes vom Abendland. Diese Irrläufer verkennen gründlich, wieviel Morgenland vom vornherein im Abendland steckt, wie viele und wie starke Impulse das Abendland dem Morgenland verdankt. In dieser Hinsicht gibt es verbreitete Bildungslücken. Das Abendland ist keine Insel, nie gewesen. Ohne Morgenland-Impulse wäre es hier um Zivilisation, um Religion, um Kultur finster bestellt. Nicht nur die Sonne, auch die Kultur geht im Morgenland auf. Wer dies verkennt oder unterschätzt, läuft Gefahr, das Abendland ins Dunkel zu führen. Na, dann gute Nacht, könnte man den Irrläufern bitter zurufen. Doch gut wird die Nacht dadurch, dass in ihrer Mitte der Anfang des neuen Tages steckt, also doch wieder Morgenland. Von zu viel und gar isoliertem Abendland geht das Licht aus. Insofern fand ich das Zeichen, die Beleuchtung des Kölner Doms zu Jahresanfang aus Protest gegen die Irrläufer dort abgestellt zu haben, richtig gut und erhellend.

Nach diesem aktuellen Einstieg schweift mein Predigtblick heute geschichtlich weit zurück, zweitausendfünfhundert Jahre zurück, in die alttestamentliche Zeit und Welt. Zu den einschneidenden Erfahrungen des Gottesvolkes hat es gehört, dass Jerusalem von den Babyloniern besiegt wurde, 597 vor Christus, und dass der babylonische König Nebukadnezar veranlasst hat, die Oberschicht Judas vom König an, auch „Offiziere, Beamte, Handwerker“ (1725/138) zu deportieren, nach Jeremia (52, 38) „3023 Personen“ (ebd), darunter den Propheten Ezechiel. „An den Wassern zu Babel saßen wir und weinten, / wenn wir an Zion gedachten“ (Ps. 137, 1), so klingt das tiefe Leid Israels aus dieser Exils-Erfahrung in den Psalmen nach. Bis sich geschichtlich das Blatt wendete. Man konnte sich erstaunt wie erfreut die verweinten Augen reiben, denn es tut sich ein neuer Hoffnungsspalt auf. Auch dies wird im Alten Testament genauer überliefert, im Esra-Buch: Für die Rückkehr aus dem Exil wird die Zahl 42.360 (Esr. 2, 64) genannt. Solche Zahlen auf Genauigkeit zu überprüfen ist nicht möglich. Große Freude aber schwingt mit: Aus einem Zug ins Fremde von gut 3000 Leuten und einer zweiten Exils-Welle, die nicht beziffert ist, kommt nach rund 70 Jahren, nach zwei Generationen, ein Rückkehr-Strom von gut 14-facher Stärke zustande, das bedeutet eine Versiebenfachung je Generation. Da ist sie wieder, die symbolische, heilige Zahl, die Segenszahl der Gemeinschaft von Gott und Mensch, Jahwe und Adam. So wird erinnert im Esra-Buch: *„Im ersten Jahr des Königs Kyros befahl der König Kyros, das Haus Gottes in Jerusalem wieder aufzubauen als eine Stätte, an der man opfert, und seinen Grund zu legen: Seine Höhe sechzig Ellen und seine Breite auch sechzig Ellen, und drei Schichten von behauenen Steinen und eine Schicht von Holz und die Mittel sollen vom Hause des Königs gegeben werden. Auch soll man zurückgeben die goldenen und silbernen Geräte des Hauses Gottes, die Nebukadnezar aus dem Tempel zu Jerusalem weggenommen und nach Babel gebracht hat; man soll sie zurückbringen zu Jerusalem an ihre Stätte im Hause Gottes“* (Esr. 6, 3-5). Und die Exilierten heimkehren lassen. Könnte dieser neue König Kyros sogar der Messias sein? Diese Frage wird im Alten Testament erwogen. Eine vergleichbare Begeisterung für einen Fremdkönig ist dort so nicht belegt. Und in dieser Begeisterung steckt die neue Frage: Kann das nicht das tiefere Verständnis von Macht sein, dass Macht, gut angewandt, im Kern eigentlich Gnade ist, Freiheit, Ermächtigung zum Guten, zum Zukunftsträchtigen? Dass gut angewandte Macht eine Spielart des Willens Gottes ist, also in „Heil und Leben“ (EG 1,1) und Segen führt? „Er ist gerecht, ein Helfer wert; / Sanftmütigkeit ist sein Gefährt, / sein Königskron ist Heiligkeit, / sein Zepter ist Barmherzigkeit; / all unsre Not zum End er bringt“ (EG 1,2). Messianische Machtklänge, Machtbewertungen, Machtverständnisse. Hier festgemacht an einer geschichtlich erlebten Erfahrung: Das Exil, das Weinen hat ein Ende. Die ganze Bedrückung. Aufgebaut wird der Tempel aufs Neue. Es wird wieder hell und gut und richtig. Es geht voran. Die Sonne geht auf – und ein neues Verständnis von Macht ist auf dem Plan, mit Zügen von Verklärung. Im Zuge der unverhofften und großartigen Rückkehr aus dem Exil ordnen sich die Dinge und Sichtweisen neu.

Das erste Weltreich der Geschichte, das Kyros begründet hat, ist das persische. In den drei Jahrhunderten zwischen 550 und 330 vor Christus, zwischen Kyros dem Großen und Alexander dem Großen, hat dieses Reich eine beträchtliche Ausdehnung. Es umfasst den Mittelmeer-Raum von Thrakien bis Libyen sowie den gesamten östlichen Kontinent, grob begrenzt vom Schwarzen Meer, vom Kaspischen Meer und vom Persischen Golf bis an die Grenze Indiens. Man weiß aus Geschichtsquellen recht genau, dass Kyros 539 vor Christus Babylon eingenommen hat. Den von ihm abgesetzten greisen „babylonischen König Nabonid" (7906/31) behandelt Kyros „großherzig" (ebd). „Anstatt ihn zu töten" (ebd), lässt er ihm eine Bleibe am Rande des Großreiches zuweisen. „Großmut scheint tatsächlich ein Charakterzug Kyros' gewesen zu sein" (ebd), heißt es. Ich weite dieses Urteil. Nicht nur Charakterzug, sondern eine andere Weise von Machtausübung. Großmut ist durchaus als Spielart von Machtausübung möglich – und wie man bei Kyros sieht, erfolgreich möglich. Ich lese weiter und zustimmend: „... ein solches ‚ritterliches' Vorgehen dem besiegten Gegner gegenüber" stellt „in / der Zivilisation des Alten Orients durchaus keine ungewöhnliche Ausnahme" (aaO/31+33) dar; „am babylonischen Hof lebten zu dieser Zeit Dutzende besiegter Könige fremder Länder, darunter auch der König von Juda, Jojachin" (aaO/33). Die Prachtentfaltung der Perser ist enorm. Das „lapislazuli-blau glasierte Ischtar-Tor" (aaO/34) ist hier bekannt, es ist ja in Berlin – in etwas kleinerem Format – zu bestaunen. Durch dieses Tor ist Kyros der Große 539 vor Christus in Babylon eingezogen. Kyros ist das „älteste Modell des ‚großherzigen Herrschers'" – in Mozarts Oper Titus finden sich Spuren davon. Kyros gilt „als Vorgänger und Vorbild der christlichen und aufgeklärten Herrscher Europas" (aaO/35), man erkennt in ihm den „gotterwählten Herrscher“ (ebd), der als Hirt der Völker auftritt: „Ein Typ, im Morgenland geprägt und im Abendland variiert, … eines der durchaus zahlreichen Beispiele, in denen der so fern scheinende Orient die Ideenwelt des Mittelmeerraumes und dadurch diejenige Europas mitgebildet hat“ (ebd), Grundlegende Einsichten. Unser Abendland hat seine kulturellen Wurzeln tief im Morgenland. Es macht also überhaupt keinen Sinn, sondern ist irre, das Abendland gegen das Morgenland abzugrenzen und zu verteidigen. Religion und Zivilisation und großherzige Machtausübung wurzeln dort. Ohne die Hochkulturen von Persien, Ägypten, Byzanz, Hethiter ist unsere Kultur, unsere Zivilisation nicht zu verstehen. Und der Neuanfang in Jerusalem, der Tempelbau, um 522 bis 520 vor Christus, ist mit dem großmütigen Perserkönig Kyros II dem Großem eng verbunden. Sein Toleranz-Edikt war die entscheidende Voraussetzung dafür. Der zweite Tempel ist also nicht vor allem aus eigener Kraft und religiöser Gestaltungsstärke, sondern unter der Voraussetzung einer ausgeprägten Großmut eines Fremdkönig verwirklicht – und wesentlich sogar von ihm finanziert worden. Manchmal sind gerade die vermeintlich Fremden, die vermeintlich anderen und Andersgläubigen Werkzeuge des Willens Gottes. Also geht es nicht um Abgrenzung, sondern um ein zivilisiertes, um ein friedlich-großmütiges Miteinander. Daraus ist Israel um 520 vor Christus nach dem Exil aufgeblüht. Beim zweiten Jesaja klingt das so: Gott spricht zu Kyros: „Mein Hirte! Er soll all meinen Willen vollenden und sagen zu Jerusalem: Werde wieder gebaut!“ (Jes. 44, 28).“Ich will vor dir hergehen…“ (Jes. 45, 5). „Ich bin der Herr, und sonst keiner mehr, kein Gott ist außer mir. Ich habe dich gerüstet, obgleich du mich nicht kanntest, damit man erfahre in Ost und West, dass außer mir nichts ist“ (Jes.45, 5f). Es ist keine Zeitgeist-Anwandlung, wenn ich auf der Zusammengehörigkeit von Ost und West immer wieder bestehe, von Morgen- und Abendland. Es ist der Strom biblischer Wahrheit, der dies betont, und dem ich verpflichtet bin, es ist Gottes Auftrag und Verheißung, gemeinsam zu lernen und gemeinsam aufzubrechen. Macht als Gnade, als Großmut, es ist eine wichtige Erinnerung, dass Gottes Willen sich des vermeintlich anderen, fremden durchaus bedienen kann. Das herrliche Ischtar-Tor ist mehr als ein bei uns gängiges Briefmarkenmotiv oder ein Museums-Schmuckstück in Berlin. Es ist das Merkzeichen, dass und wie Ost und West verbunden sind und offen verbunden bleiben. Offen, denn Gott sagt: „Ich will vor dir hergehen…“ (Jes.45, 5). Wer hingegen auf Abschottung setzt, grenzt letztlich Gott aus. Da sei der Himmel vor! Amen.

Kreuzzüge I. Religion und Gewalt & Phil. 4, 7

„Und der Friede Gottes, der höher ist als alle Vernunft, bewahre eure Herzen und Sinne in Jesus Christus“ (Phil. 4, 7). Dieser apostolische Gruß des Paulus an die Philipper, an jene Gemeinde, die er in Mazedonien in Nord-Griechenland zweimal auf seinen Missionsreisen besucht hat, dieser Gruß ist schon deshalb sehr bekannt, weil er von vielen in der Predigtliturgie im Gottesdienst bis heute Verwendung findet, auch bei mir. So endet der Predigtauftritt – nach den konkreten Gemeinde-Mitteilungen, Abkündigungen genannt, dass an diesen Gruß erinnert und daran angeknüpft wird. Gemeinde lässt sich erinnern: Herzen und Sinne sollen und dürfen friedlich sein – in Christi Namen. Vernunft lässt sie zum Frieden rufen. Der Segen der Verkündigung und Hinweise bündeln sich im Frieden, bevor das Mahl des Friedens gefeiert wird. Friede ist höher – hat Priorität. Dieser Zuspruch spiegelt eine Frage Gottes: Habt ihr im Herzen, auf dem Herzen – wirklich Frieden? Habt ihr Frieden im Sinn? Seid ihr aufmerksam dafür, wie es um eure Motivation steht, im Höhenflug wie in eher alltäglichen Hinweisen? Es ist ein starker gottesdienstlicher Augenblick, der in diesem Friedenszitat des Paulus immer wieder erreicht ist. Die Frage nach Sinn, nach Motivation ist auf Frieden hin gestellt, ganz treu. Schon hier zeigt sich, dass und wie sehr Gottesdienst von Belang ist. -

Mit diesen gewichtigen Vorüberlegungen richte ich den Predigtblick auf ein wahrlich herausforderndes Kapitel der Kirchen- und Religionsgeschichte, auf die Phase der Kreuzzüge. Einmal, weil ich dieses Thema nicht den Kritikern überlassen will, die schnell bei der Hand sind mit der These: Die Sache mit Kirche und Religion taugt nichts – siehe Kreuzzüge. Also trete ich aus, also kann ich mit Religion nichts anfangen. So oder so ähnlich. Mein Einwand: Ich stehe nicht der Kreuzzüge wegen für die Sache der Religion und Kirche – in katholischer Zeit, ich bin evangelisch. Doch ich weiche nicht aus. Dem Thema „Kreuzzüge“ stelle ich mich. Weil dieses Thema als Einwand zu schnell gebraucht wird, weil es darauf eines genaueren Blickes bedarf. Zuvor noch eine nachdenkenswerte Bemerkung, die ich für anhaltend wichtig halte, gerade als einer, der sich mit der Theologie des Widerstandes gegen Diktatur beschäftigt: „...das Argument, dass Hitler nicht von einer Friedensbewegung besiegt worden“ (8083/56) ist und so auch nicht besiegt werden konnte. Zwei neue Bücher zum Thema „Kreuzzüge“ habe ich kürzlich gelesen. Das von Paul M. Cobb „Der Kampf ums Paradies. Eine islamische Geschichte der Kreuzzüge“ (8070), englisch 2014, deutsch 2015. Cobb ist in den USA Professor für islamische Geschichte. Und das von Rodney Stark „Gottes Krieger. Die Kreuzzüge in neuem Licht“ (8065), englisch 2009, deutsch 2013. Stark ist ebenfalls Professor in den USA, für Religionssoziologie. Beide gemeinsam zeigen ein erhellendes Bild. Stark bringt es auf den Punkt: „Nach vorherrschender Auffassung waren die Kreuzzüge ein Werkzeug des expansionistischen, imperialistischen Christentums, das Territorien eines toleranten und friedlichen Islam brutal unterwerfen, ausplündern und kolonisieren wollte. So war es nicht“ (aaO/17). Wie denn? 1095, am 27. November „besteigt Papst Urban II... vor den Toren der französischen Stadt Clermont“ (aaO/9) ein Podium, weil er ein Sendschreiben vom byzantinischen Kaiser „aus seiner bedrohten Hauptstadt Konstantinopel“ (ebd) und bittet in seinem Namen Christen um Beistand. Die „vor kurzem zum Islam übergetretenen seldschukischen Türken...waren in den Nahen Osten eingefallen, hatten Jerusalem erobert und standen nun 150 km vor Konstantinopel“ (ebd). Der Seldschuken-Feldzug sei voller furchtbarer Übergriffe auf Christen, auch auf Pilger und die heiligen Stätten gewesen. Nun, Gewalt ist immer ein Menschenthema, Gott sei’s geklagt. Auch Religionsparteiungen sind nicht frei von Gewalt. Gott sei’s geklagt. Der Gewalt das Feld zu überlassen ist nie, zumindest höchst selten die Lösung. Natürlich gilt es, Mittel der Diplomatie, des Völkerrechts, der Mäßigung, der Verständigung bis aufs Äußerste voranzutreiben und zu stärken. Doch manchmal ist auf Gewalt eben nicht ohne Gewaltmittel zu reagieren. Gott sei’s ebenfalls geklagt. Die Zeit der Kreuzzüge liegt fast tausend Jahre zurück, auf der geschichtlichen Hälfte zwischen dem Auftreten Jesu, dem Neuen Testament und uns Heutigen. Leitmotiv für die Kreuzzüge ist: Verteidigung der heiligen Stätten, der Pilger, des Christentums vor

Angriffen und Provokationen. Doch als letztes, als begrenztes Mittel ist Gewalt jedenfalls nicht undenkbar, siehe Widerstand gegen Diktatoren. Ein Zusatzproblem ist: Unter die – schweren Herzens – zugestandene, mitvollziehbare Motivation für Gewalt mischt sich nur allzu leicht Gewalt aus niederen Beweggründen: Hass, Habgier, Lust an Gewalt. Das ist klar: Auch bei zugestanden mitvollziehbarer Gewalt bleibt ein Abgrenzungsproblem. Auch ein mir durchaus heute geistig-geistlich verbundener früherer Generalinspekteur kann ja nicht garantieren, dass sich in den Truppen auch Nester von Gewalt-verherrlichung und Mordlust verbergen, die nur auf ihre Gelegenheit warten, loszuschlagen. Alle Sicherungen gegen Übergriffigkeiten zeigen an, dass es jedenfalls die Möglichkeit zu Gewaltausbrüchen unter uns Menschen gibt, in welchem Gewand und unter welchem Vorzeichen auch immer. Insofern ist am gängigen Kreuzzug-Einwand richtig: Kirche, Religion vernachlässige keinesfalls selbstkritisch dein Gewalt-Potential. Allerdings halte ich heute dagegen: Dies zu beachten ist ohnehin Teil der Kreuzestheologie, also stets gegenwärtig. Im Wintersemester 2014/15 habe ich in der ‚Akademie der Weltreligionen' an der Hamburger Universität gaststudiert unter dem Leitthema: „Gewaltfreiheit und Gewalt in den Religionen": Offen, dialogbereit, höchst kritisch und selbstkritisch. Hierin sind wir jetzt natürlich weiter als in jener Zeit „zwischen 1095 und 1291" (aaO/19), als um „die Herrschaft im Heiligen Land" (ebd) gerungen wurde – mit viel Gewalt auf den Wegen. Begonnen aber haben die Kreuzzüge als Abwehr „muslimischer Invasionen in christliche Gebiete" (ebd). Damit sage ich nicht, dass der Islam unfriedlich ist. Doch ich verschweige nicht, dass eine aggressive, angriffslustige Expansion von dieser Seite aus den Anfang der Kreuzzüge markiert. Bereits 638 hatte Jerusalem sich ergeben müssen. Konflikte der drei maßgeblichen Religionen waren und sind seither ein Dauerthema – und es war damals leider „eine insgesamt brutale und intolerante Zeit" (aaO/47), egal unter welchem Vorzeichen. „Die Christenheit schlägt zurück" (aaO/53), heißt ein großes Kapitel bei Rodney Stark. Was aber heißt Christenheit? Immer gibt es zwei Strömungen, eine „*Kirche der Macht*" (aaO/146) und eine „*Kirche der Frömmigkeit*" (ebd). Und aus beiden erfährt die Kreuzzugsidee Zukauf.

Die Kreuzzüge selbst sind keine Erfolgsgeschichte, trotz z. T. lauterer Absicht, das Heilige Grab zu befreien. Es gibt Massaker, Widrigkeiten auf den Feldzügen, Scharmützel, Übergriffe, Überfälle, Brutalitäten, Schlachten – verlustreich, grausam – trotz aller hehren Motive und trotz hoher ethischer Maßstäbe, die auch unterwegs waren. Auch diese mit Folgen, mit beachtlich guten bis heute: Die Bewegung der Malteser und Johanniter ist unmittelbar aus den Kreuzzügen auf christlicher Seite hervorgegangen. Christliche Hilfeleistungen neben aller Gewalt, Horte der Hilfsbereitschaft und Nächstenliebe in allem Schrecken. Während die Kreuzzüge längst Geschichte sind, sind die Malteser und Johanniter durchaus segensreich auf dem Plan, auch gegenwärtig. Neben blutigen Siegen und Niederlagen ist zumindest dies ein notwendiger Merkposten. Kreuzzüge – wo und wie ist Gewalt zur Not gerechtfertigt, wo nicht? Die „Genfer Konvention" (aaO/223) ist späteren Datums. Kreuzzüge – gottlob – die Malteser und Johanniter sind lebendig geblieben, als gute Mächte. „Der Friede Gottes, der höher ist als alle Vernunft, bewahre eure Herzen und Sinne in Jesus Christus" (Phil. 4, 7). Trotz aller Herausforderungen, trotz Gewalt, Verstrickung und Verhängnis, zielt Religion im Kern auf Frieden. Diese Verheißung bündelt sich in Jerusalem – und die bittere Einsicht: Erledigt ist sie nicht. Die ‚Schule des Friedens', wie man Jerusalem übersetzen kann, steckt immer noch in den Anfängen – und das heißt mahnend: Wir alle auch. Anfänge aber stehen für unerschöpftes Potential. Die Kreuzzüge sind nur ein Kapitel, nur ein Merkposten aus diesem größeren Zusammenhang. Amen.

Kreuzzüge II. Religiöse Übertreibungen &

1. Petr. 3, 11; Ex. 4,18; Sure 2, 148; Gen. 8, 11

Aus der Geschichte der Kreuzzüge bliebt als Essens die Frage, wie es denn um die Schnittmenge von Religion und Waffengang geht, ob es diese Schnittmenge überhaupt gibt, oder ob es sich um ein Missverständnis von Religion handelt, das Rechtfertigungen für einen Waffengang nach sich zieht, über enge Ausnahmegrenzen hinaus. Als Christ wie als Demokrat halte ich grundsätzlich viel vom Gewaltmonopol des Staates bei uns – Gewalt in engen Grenzen ist Staatssache, nicht unser aller. Rechtsstaatliche Polizei, rechtsstaatliches Militär ist bewaffnet – Sicherheitsdienste im gesetzlichen Rahmen auch, Privatleute sind es, anders als im Wilden Westen, gewöhnlicherweise nicht. Gut und richtig so. Staat mit Waffen, Polizei und Militär, NATO und UNO, das heißt immer: Keine rechtsfreien Alleingänge, und beachtlicherweise: Keine Waffengänge religiöser Gruppierungen. Für solche gibt es heute keinerlei Rechtfertigung. Religion und Waffengang schließen einander aus, weil Religion nicht in den Ausnahmebereich der Gewaltanwendungen gehört. Das war nicht immer so. Doch gerade deshalb, z. B. aus der Kreuzzugs-Zeit und der Erfahrung von Scheitern, hat ein Lernprozess eingesetzt, der zu heutigen Einsichten geführt hat. Nicht gleichzeitig überall, jedoch als kritisch-ernsthafte Rückfrage allemal. In den Gemeinde-Ermahnungen im 1. Petrusbrief heißt es: „…wende…(dich) ab vom Bösen und tue Gutes, … suche Frieden und jage ihm nach“ (1. Petr. 3, 11). „Geh hin mit Frieden“ (Ex. 4, 18), lautet ein in der Bibel weit verbreiteter Gruß und Segenswunsch. Und in der 2. Sure im Koran heißt es grundlegend und auf dieser Linie: „Jeder hat eine Richtung, der er sich zuwendet. So wetteifert um die guten Dinge!“ (Sure 2, 148). Religion ist Wetteifer um das Gute, das Gute im Sinne von ‚für das Ganze gut‘. Religion führt nicht in Streit, Waffengang, Krieg, Kreuzzug, sondern in einen guten, wertschätzenden Wettbewerb. Religion heißt also: Wettstreit statt Streit, Wetteifer statt Gewalt oder Gleichgültigkeit. – Wolfgang Schäuble, 2006 auch Initiator der Deutschen

Islamkonferenz, hat in einem grundlegenden, sehr klugen Vortrag über Religion und Ethik gesagt: „Religion hatte in der Geschichte der Menschen immer ein Janusgesicht. Sie hat Menschen Trost gespendet und zu den wunderbarsten Dingen inspiriert. Ihr Wahrheitsanspruch hat aber auch immer wieder religiöse Eiferer zu Intoleranz und Gewalt verleitet" (7417/123). Den Wahrheitsanspruch verkenne ich nicht, aber dieser lässt sich doch gelassen einbeziehen in einen erwünschten, friedlichen Wettbewerb, zu dem das Religionsgespräch gehört, die wertschätzende Wahrnehmung der anderen sowie die Frage, wo und wie sich Chancen auftun, für das Ganze gemeinsam Gutes voranzubringen. Dazu ist es nötig, anders als zur Zeit der Kreuzzüge, eine Tugend gemeinsam weiter zu entwickeln, auf die der Protestant Schäuble sehr nachdrücklich hinweist, „nicht Gleichgültigkeit oder gar Feindseligkeit" (ebd) zu pflegen, sondern gemäßigt, maßvoll, mit einem kritisch wie selbstkritisch ausgeprägten „Bewusstsein für Übertreibungen" (aaO/131). Sehr wichtig. Nicht Religion ist gefährlich, religiöse Übertreibungen sind es. Sie trumpfen auf und lassen den anderen keinen Raum. Zu meinen großen Erlebnissen gehört eine Jerusalem-Woche im März 2012. Jerusalem steht unter der Verheißung, ‚Schule des Friedens' sein zu sollen und zu können. In Jerusalem ist mir der Eindruck allgegenwärtig und bestimmend geworden, dass es die Stadt gerade voller religiöser Übertreibungen ist: Juden, Christen und Moslems und Gruppierungen in ihnen übertreiben auf Schritt und Tritt. Meistens eher harmlos und kitschig, doch oft auch gezielt auftrumpfend und abgrenzend. So kann Friede nicht werden. In Israel gewinnen eher die ‚Falken' demokratische Wahlen. Der Friedens-Premier Rabin wurde von einem radikalen Juden erschossen. Ein tiefes Alarmzeichen, das andeutet: Die stärkste Gefahr für friedliche, offene Religions-Anhängerschaft geht zumeist – bis heute – von der radikalen eigenen Seite aus, viel weniger von den anderen. Insofern bleibt es wichtig, sich mit den Radikalen der eigenen Seite aufklärend, offensiv auseinanderzusetzen und denen keinesfalls das Feld zu überlassen. Wenn wir Christen uns angemessen mit zur Übertreibung neigenden Christen beschäftigen und solche Beschäftigung bei Juden und Muslimen jeweils denen überlassen, kann der Wettstreit um das Gute, sogar der gemeinsame Nenner unter den gemäßigten und dialogbereiten Mehrheiten in allen drei Religionen – mit einem stets wachsam ausgeprägten „Bewusstsein für Übertreibungen“ (ebd) – an Wirkungs-Macht und ethischer Gestaltungskraft gewinnen. Gegeneinander Krieg zu führen bringt keine Siege, schon gar nicht für die Sache der Religionen. Miteinander Bündnisse zu gestalten und sich mit dem radikalen Flügeln, vor allem der eigenen Seite, lebhaft auseinander-zusetzen, erweitert Gestaltungskräfte. Religion heißt: Es geht ums Ganze. „...wende...(dich) ab vom Bösen und tue Gutes, ...suche Frieden und jage ihm nach“ (1. Petr. 3,11). „So wetteifert um die guten Dinge!“ (Sure 2, 148); gern so, wie Katajun Amirpur es im Untertitel ihres Buches „Den Islam neu denken“ (7844) sagt: „Der Dschihad für Demokratie, Freiheit und Frauenrechte“ (ebd). So wird es gehen. Und wie es bisher in Jerusalem ist, wo lauter Übertreibungen gegeneinander in Stellung gebracht sind, wird es nicht gehen. Dies sagen auch intelligente, gemäßigte Juden, Christen und Muslime; Israelis, Palästinenser und Jordanier. Im Alten Testament, schon zu Urzeiten Noahs, war das Zeichen Gottes die Taube, nicht der Falke. Aber in Israel und Palästina gewinnen eher Falken die demokratischen Wahlen. Und jüdische Falken haben starken Einfluss auf Diplomatie und Innenpolitik in den USA, sehr kritisch sehe ich dies. Dagegen stelle ich heraus: Dennoch bleibt, über allen Übertreibungen, Irrungen und Wirrungen die Taube das weiterführende Symbol. „Die (Taube) kam zu...(Noah) um die Abendzeit, und siehe, ein Ölblatt hatte sie abgebrochen und trug's in ihrem Schnabel. Da merkte Noah, dass die Wasser sich verlaufen hätten auf Erden“ (Gen. 8, 11). Ob sich die Übertreibungen auch so verlaufen können auf Erden – wie das Wasser am Ararat? Dann hätte der Segen neuen Freiraum, und der alte Gruß eine weitreichend neue Wirkung: „Geh hin mit Frieden“ (Ex. 4, 18). „..mit Frieden“ (ebd) heißt auch: Ohne Übertreibung, in gelassenem Wettstreit um das Gute, um das Ganze, damit Freiraum sei und werde für Gottes Frieden unter uns, für seinen Segen. Amen.

Kreuzzüge III. Feindschaft und Verwandlung &

Mt. 28, 6; 6, 9b.12; 1. Kor. 15, 52

Mit Feindschaft beschäftigen wir uns nicht so gern. Sie ist unsympathisch und unbequem. Sie begegnet und verletzt uns. Und viele ahnen sie, kennen sie, gestehen sie ein. Nicht nur von außen begegnet sie uns, sondern auch von innen. Denn auch wir selbst können zu ihr beitragen, sie auslösen. Feindschaft gehört zu den menschlichen Abgründen. Sie zu umgehen wird sie nicht bewältigen, nicht überwinden können. Insofern tun wir gut daran, so ehrlich wir können, damit umzugehen. Vielleicht hilft es dafür, drei Felder zu umschreiben, zu durchschreiten, um danach zu sehen, ob der entscheidende Schritt dann doch möglich wird, über den Hang zur Feindschaft hinaus. Mir sind jedenfalls beim Nachdenken diese drei Felder eingefallen, die ich nennen möchte. Zuerst: Kränkung. Sodann: Erfahrenes Unrecht. Schließlich: Zwiespältigkeiten. Der Reihe nach, und eher mit markanten Andeutungen als erschöpfend beschrieben. Wir Menschen haben unsere Empfindlichkeiten, berechtigte und weniger berechtigte. Das Urteil darüber, was berechtigt ist und was weniger, ist schwierig zu treffen, ist wohl Teil der Empfindlichkeiten. Wo die nötige Distanz verletzt wird, oder sogar der Kern dessen, was mir wichtig und / oder heilig ist, da reagiere ich – mit Unverständnis, mit Unmut, Empörung, oder gekränkt. Solange ich mich worthaft und in der Haltung friedlich wehren kann, ist es gut. Sobald ich ernsthaft gekränkt bin, neige ich sozusagen instinktiv zu schärferen Reaktionen, die weniger gut sind, jedenfalls weniger gut zu kontrollieren, sogar durch mich selbst weniger gut. Zum Auftakt der Kreuzzüge hat die in Europa alarmierende Botschaft gehört, dass das Heilige Grab in Jerusalem geschändet sei. Kollektive religiöse Kränkung als Motiv und Motivation für einen Waffengang. Wer das Grab Jesu schändet, ist unser Feind. So bleibt wenig Raum für alternative Überlegungen. Dabei sind wir Christen ja nicht Anhänger eines großen

Toten, sondern Nachfolgende eines großen Lebenden. „Er ist nicht hier, er ist auferstanden“ (Mt. 28, 6) steht auf einer kleinen Tafel im sogenannten Gartengrab in Jerusalem. Dieser Ort hat mich dort weitaus stärker beeindruckt als die überladene und vielfältig übertriebene Grabeskirche. Damals aber eilte, zur Zeit der Kreuzzüge, vom Papst aufgerüstet, die Spitze der europäischen Ritterschaft ins Heilige Land, um das Grab zu befreien und seine Heiligkeit zu verteidigen, kurz: Um diese Kränkung zu bekämpfen und zu besiegen. Nachfrage: Wäre diese Kränkung auch zu besiegen gewesen durch christliche Gelassenheit, frei nach der Weise: Was ficht es den Auferstandenen an, wenn sein leeres Grab in andere Hände fällt. Ist nicht die Auferstehung selbst die größere, die wirklich souveräne und weitreichende, weltbewegende Provokation, der menschliches Machtgehabe in Wahrheit ja nichts wirklich anhaben kann? Wäre ich Papst (was ich, weiß Gott, nie sein wollte, nichts sei ferner als dies), wäre ich Papst, hätte ich so und anders gepredigt, und so der Kränkung die Spitze genommen. Außerdem weiß ich: ‚Kränkung‘ ist immer mit Vorsicht zu genießen. In ihr steckt viel Dynamik, schwer zu steuern, und nicht selten auch nur die steile Behauptung, jemand sei gekränkt. In ihr steckt allzu oft die vermeintliche Rechtfertigung dafür, dass jemand hart und ungestüm reagiert, überzogen. Archaisch ausgedrückt: Wer sich gekränkt und in seiner Ehre verletzt fühlt, sei es eher berechtigt oder weniger, auf dessen Sicherungen ist wenig Verlass! Und Gekränkte geben sich selbst fast immer schwungvoll Recht, ob zu Recht oder nicht! Das ist ein gefährliches Terrain.

Zweites Feld: Erfahrenes Unrecht. Wer sich ungerecht behandelt fühlt, unangemessen, lieblos, wer es anders erlebt hat als so: „Die Würde des Menschen ist unantastbar“ (4973/13), reagiert nicht nur empfindlich, sondern mit deutlich geschärfter Erinnerung. Denn Glück, Erfüllung, Segen „schreiben sich lange nicht so tief ins Gedächtnis wie erfahrenes Unrecht und die Verletzung der Ehre. Solche Erinnerungen verblassen keineswegs…“ (8071/65f). Was Aleida Assmann so festhält in ihrer großen Studie „Erinnerungsräume“, bleibt allemal beachtlich. Erfahrenes Unrecht wie gekränkte Ehre, was immer das im Einzelnen genau sei, verblassen kaum. Genau an dieser Stelle ist und bleibt das christliche Thema ‚Vergebung' von zentraler Bedeutung: „Vater unser, …vergib uns… wie auch wir vergeben" (Mt. 6, 9b.12). Modern gesprochen führt ‚Vergebung' mit Gottes Hilfe in die „Zähmung und Transformation" (8071/70) von Erinnerungen, seien sie persönlicher oder gemeinschaftlich-geschichtlicher Art, schwere Erinnerungen, die nicht von selbst verblassen. Wir Christen aber setzen gar nicht auf das Verblassen schwerer Erinnerungen, sondern auf Vergebung dessen, was trennt, spaltet, schmerzt und kränkt. Vergeben ist nicht vergessen. Vergeben heißt, den Erinnerungen das Unüberwindliche zu nehmen, nochmals, in „Zähmung und Transformation" (ebd), in Frieden. Ob dieser jetzt eher in einer neuen Gemeinschaft oder einer vernünftigen, geregelten Trennung besteht, erweisen Situation und Sach- wie Gefühlslage. Zähmung kann durchaus auch heißen: Geregelter Abstand.

Drittes Feld: Zwiespältigkeiten. Inwieweit sind wir eins mit uns? Genauer gefragt: Inwieweit zeigen Streitpunkte an, dass es uns selbst an Stimmigkeit, an Souveränität, gesundem Selbstbewusstsein mangelt? Uns, oder den Gemeinschaften, zu denen wir gehören? Heute sieht man im Abstand viel deutlicher: Die Kreuzzüge sind „weniger eine religiöse Mission als eine politische Strategie" (aaO/73) gewesen. Man vereint innere Zwiespältigkeiten, Konkurrenzen, indem man „sich vereint" an einen „Außenfeind, die Heiden" (ebd) richtet. Dadurch lenken die Kreuzzüge „von den internen Zwistigkeiten" (edb) im europäischen Rittertum ab. „Die Konzentration auf einen… Außen-feind soll die Gefahr des Innenfeindes überwinden" (ebd). Ins Heute gewendet: Wer z. B. auf den Islam einprügelt, kann vermutlich von Christentum nicht genug verstehen. Wer die Ausländer ablehnt, ist wohl mich sich und seinesgleichen nicht heimisch genug. Wer Fronten schürt, ist in sich uneins. Das ist wohl eine der Stärken des Christentums, hier in Gott andere Maßstäbe zu gewinnen, Verhängnisse zu sichten und zu überwinden, in der Kraft des Heiligen Geistes. Im Gesangbuch heißt es wunderbar: „Der Feindschaft bist du feind, / willst, dass durch Liebesflammen / sich wieder tun zusammen, / die voller Zwietracht seind" (EG 133,

7). Und wo es zusammen nicht geht, dort eben möglichst diplomatisch getrennt und auf diese Weise friedlich.

Die Frage bleibt: Wenn du Christ bist, wo findest du Verbündete auf dem Weg der Nachfolge, friedlich, gezähmt, charaktervoll? Zieh nicht los, um auf andere loszugehen. Verstehe Kreuzzug anders. Einst waren die „Kreuzfahrerstaaten attraktiv – sie boten manche Freiheit, die in ihrer Zeit kein anderes Land bot, ...zumal für Frauen“ (8111/136). Kreuzzug heißt heute, mit dieser Linie, neu: Christus ist ans Kreuz gegangen, um eine Schneise der Versöhnung in alles Chaos, in alle Kränkung, in alles Unrecht, in alle Gewalt hinein zu mischen und hinein zu lieben. Kreuzzug heißt heute: Zwinge nicht anderen auf, was sie nicht wollen. Zeige hin auf Christus, also auf Liebe, Versöhnung, auf Frieden in Person. Die Verhängnisse, Missverständnisse und Verwerfungen hat er an sich selbst ausgelitten, damit wir frei werden. Auferstehung: So offen, so weit ist der Horizont. Dahin unterwegs zu sein sind wir eingeladen, hinein in die herrliche Verheißung: „... wir werden verwandelt werden“ (1. Kor. 15, 52). Amen.

Mevlana Rumi (*1207 +1273) & Ps. 113, 3-4.6-7; Sure 2, 148

Warum gibt es in der Welt so starke Spannungen, so viel Negatives? Eine alles umfassende, hinreichende Antwort gibt es nicht. Gleichwohl bleibt es sinnvoll, solchen Fragen nachzugehen – und sich selbst dabei einen Spiegel vorzuhalten. Denn Spannungen gibt es auch in uns – wie unter uns. Und Negatives gehört auch zu unseren eigenen Möglichkeiten. Religiöse Menschen haben dafür erfahrungsgenau den Sinn geschärft, haben sich tiefer eingelassen auf die großen Pole: Gott und Mensch, Sein und Haben, Gnade und Gewalt, Frieden und Krieg, Freiheit und Knechtschaft, Sinn und Unsinn. Und um dafür die Sinne zu schärfen, haben sie sich auf Konzentrationsübungen eingelassen – und so die notwendigen Fragen verschärft, etwa: Muss man so viel haben? Das lenkt doch ab. Muss es so bequem sein? Ist nicht weniger oft in Wahrheit mehr? Kargeres intensiver? Ist die Informationsflut nötig? Hast Du Zeit – zum Lesen, zum Nachdenken, die Muße. gen Himmel zu schauen, Dich gesund zu bewegen, eine Blüte zu bestaunen, einer Amsel zu lauschen, Wind zu hören und Wellenschlag. Am ersten warmen Juni-Abend hatte ich einen Termin im Hamburger Rathaus, zum Religions-Dialog. Auf dem Weg dorthin an der Binnenalster sah ich viele hemdsärmelige, junge Leute in Sommerabend-Stimmung, doch die meisten trugen entweder Kopfhörer oder hatten wenigstens einen Knopf im Ohr und ein Elektronik-Teil in der Hand. Für die Alster-Stimmung gab es kaum Aufmerksamkeit. Bist du frei, technische Abhängigkeiten abzuschalten? Handy-frei, Fernseh-frei, Computer-frei, Auto-frei? Kann es nicht viel intensiver sein, einfach bewusst frei zu leben – unter dem offenen Himmel, vor dem weiten Horizont, und so Erfahrungen zu sammeln?

Im Judentum hat es immer die Idee des Sabbats gegeben: Einen von Ablenkungen, ja von Alltag freien Tag – jede Woche. Eine großartige Idee. „Am Sabbat lebt der Mensch als *hätte* er nichts, als verfolge er kein Ziel außer zu *sein,* d. h. seine essentiellen Kräfte auszuüben – beten, studieren, essen, trinken, singen, lieben" (1366/57f). Für solche Lebens-Konzentration, religiös verankert, steht das Wort

Mystik. Es meint den inneren Freiraum, um intensiv zu leben, auch und nicht zuletzt mit Gott intensiv. Einen Freiraum, der die inneren Spannungen zu sichten und aufzuräumen hilft. Der dazu angetan ist, Wider-streitendes nicht nach außen zu lenken, sondern mit sich, mit dem Leben, mit Gott ins Reine zu kommen. Sich darüber klar zu sein: Worum dreht sich mein Leben? Um die richtige Mitte – oder um Ablenkungen davon? Oder zugespitzt: Lebe ich stimmig – oder irgendwie verdreht, auf ungesunde Weise verrückt? Mystik – Freiraum, um ein aufgeklarter, aufgeräumter Mensch zu werden. Gern mit dem Spiegel der Selbstkritik vor dem eigenen Leben: Wie steht es um den nötigen, angemessenen Freiraum, den Lebens-Sabbat, zum „beten, studieren, essen, trinken, singen, lieben" (aaO/58). – Im Bereich der Mystik gibt es nicht Streit, sondern allenfalls Wettstreit unter den Religionen, unter den Wegen vom und zum ein-einzigen Gott: Judentum, Christentum, Islam. Gleich in Sure 2 heißt es wunderbar im Koran: „So wetteifert um die guten Dinge!" (2, 148). Auch diese drei, Judentum, Christentum, Islam gibt es ja stets im Plural, in Verschiedenheiten. Im Blick der Mystik ist dies kein Mangel, sondern Ausdruck einer erfreulichen, lebendigen Reichhaltigkeit. Es gibt auf dem Weg zu Gott schöne und vielfältige Erfahrungen, und eine ausgeprägte Freude daran, voneinander zu lernen und das andere aufmerksam wertzuschätzen. Ich sage es ganz persönlich: Als wirklichen Glücksfall empfinde ich es, als Pastor nach über 30 Jahren, also inmitten intensiver, wacher Amtserfahrung noch wunderbar starke Impulse aus Begegnungen mit Hatice Kara und mit Katajun Amirpur bekommen zu haben, von starken Frauen aus dem muslimischen Bereich, freiheitlich, demokratisch, offen, engagiert für das Ganze – und durchaus mit Sinn für Mystik. Dabei spielt eine Wertschätzung für mystische Anregungen von Mevlana Celaheddin Rumi eine uns verbindende Rolle. Dieser große Mystiker des Islam: Geboren um 1207 in Balch (heute Afghanistan), der Vater ist islamischer „angesehener Theologe" (7880/9), visionärer Mystiker. Die Familie zieht in den Ost-Iran, ist beeinflusst von der dortigen Mystik, bekannt unter dem Namen „Sufi", der „auf das Wollgewand (*suf*) der Asketen" (aaO/10) hindeutet, also auf Menschen, die sich nicht prächtig, sondern einfach kleiden. Sufismus könnte man als „innere Dimension des Islam“ (8073/7) bezeichnen. Als die Familie mit einer kleinen Karawane nach Bagdad zieht und man an den Stadt-Toren nach dem Ziel fragt, antwortet der Vater: „..von Gott kommen wir, zu Gott gehen wir, keine andere Kraft als Gottes Kraft wird uns leiten“ (8060/7). Mekka und Medina sind Stationen, Damaskus, dann Karaman. Dort lernt Mevlana seine Frau kennen, dort ist seine Mutter begraben, dort ist viel später Hatice Kara geboren, zwischen Tarsus, woher Paulus stammt, und Konya, wo dann die Wirkungsstätte Mevlanas ausstrahlt. Damals sind Landschaft und Städte dort von Karawanen geprägt, „Sinnbilder des Menschen“, unterwegs zum „göttlichen Geliebten“ (7880/13). Konya, ein „Mittelpunkt des frühen Christentums“ (aaO/15), „Kon-ya!“ kann übersetzt werden als „Ja, lass dich nieder!“ (ebd). Eine starke Misch-Kultur: Christliches, Seldschuken – und die viele Einflüsse der Kulturen, die die Karawanen prägen. Dort wirkt Mevlana, wie er in der Türkei genannt wird, bei uns eher mit dem Namen Rumi. Dort schreibt er seine mystischen Einsichten und Anregungen: „Nicht nur die Durstigen suchen Wasser - / Das Wasser sucht die Durstigen!“ (aaO/22). Gott sucht uns. Wo finden wir uns, wo erfüllt sich, das wir im Guten, sogar in Liebe zusammengehören? Rumi schreibt: „Mein Herz ist der Muschel gleich, / die Perle des Freundes Bild. / Ich passe nicht mehr in mich - / er füllt ganz das Herz mir aus“ (ebd). Vielleicht ist dies eine der wichtigsten religiösen Erfahrungen, die wir mit Verliebten teilen: „Ich passe nicht mehr in mich“ (ebd). Ich bin mehr, ich strebe, ich wachse über mich hinaus, in Liebe zu Gott, zum Nächsten. Rumi wird in Konya und weithin verehrt. Dort ist er „bei Sonnenuntergang“ (aaO/7) am 17. Dezember 1273 entschlafen. Als Hochzeitsfest wird dieser Tag gefeiert, als Ankunft in Gott, als liebende Einkehr in Gott. Ein tröstlicher, weiterführender Impuls. Rumis Grab unter der Grünen Kuppel von Konya ist ein heiliger Ort. Diese Erfahrung teile ich, seit ich im Vorjahr dort war. Viele Türkei-Reisende haben tanzende Derwische gesehen. Sie stehen in dieser Tradition und tanzen die Frage: Um welche Mitte dreht sich dein Leben? Wohin bist du orientiert? Folgst du den vielen Ablenkungen, oder bist du frei für Entscheidendes? Bist du offen für Inspiration? Bei Rumi, in Konya, bei Derwischen habe ich davon durchaus etwas gefunden. Doch so, wie es in stimmiger Mystik stets wirkt, nämlich weiter weisend. Rumi hat und weitet Sinn für weite Horizonte. Er hat gesagt: „Nach unserem Tod solltet ihr unser Grab nicht auf der Erde suchen, unser Grab ist im Herzen der Kundigen" (aaO/16), welche die Sehnsucht weitertragen – nach wirklichem Leben, nach stimmigem Leben. Dafür hat Rumi sieben wunderbare Weisheiten zusammengefasst: „Sei wie Wasser beim Großzügig-sein und Unterstützen. Sei wie die Sonne bei Mitleid und Barmherzigkeit. Sei wie die Nacht beim Verschleiern der Fehler von Anderen. Sei wie ein Toter bei Zorn und Heftigkeit. Sei wie die Erde bei Bescheidenheit und Anspruchslosigkeit. Sei wie ein Meer bei der Toleranz. (Wäre dies nicht ein wunderbares Motto für unseren Ort?) Sei so wie du bist, oder sei so wie du dich gibst" (aaO/20). Komm mit dir ins Reine, in Einklang. Das ist die tiefe Botschaft, die in Wort und Tanz, in Musik und in baulichen Fingerzeigen in der Welt ist, in Kirchtürmen wie Minaretten. Sie bilden ab, was bei uns an der Küste morgens so wunderbar oft vor Augen ist, Orientierung für die Seele, nämlich ein Himmels-Ausrufungszeichen. Die eben aufgegangene Sonne – und der lange Glanzstreifen auf dem Wasser. „Amazing Grace". Davon singt die Schöpfung, weit und tief und religionsübergreifend: „Vom Aufgang der Sonne bis zu ihrem Niedergang / sei gelobet der Name des Herrn! / Der Herr ist hoch über alle Völker; / seine Herrlichkeit reicht, so weit der Himmel ist. /... Der oben thront in der Höhe, / der herniederschaut in die Tiefe, / der den Geringen aufrichtet aus dem Staube / und erhöht den Armen aus dem Schmutz" (Ps. 113, 3-4.6-7). Mystik ist nicht weltfremd. Sie verbindet Himmelshöhen mit der notwendigen Bewegung, Geringe zu beachten und aufzurichten. Lebens-Karawane, Weg zum stimmigen Leben, zum Wettstreit im Guten, vor dem weiten Horizont, religionsübergreifend-offen, und mit der klaren Frage an uns alle: Lebst Du verrückt? Oder dreht es sich für Dich um die richtigen Themen: Um Gott in der Höhe und um das Aufrichten der Armen? Mystik ist angesagt, und damit die Einladung: Werde stimmig. Komm mit Dir, mit anderen, mit der Schöpfung, mit Gott in Einklang. Mystik ist Einklang. Amen.

Kemal Atatürk (*1881 +1938) & Mt. 6, 13b

Das Fest der Verklärung Christi ist nicht nur und vor allem eine Weise, den besonderen und unvergleichlichen Glanz der Herrlichkeit Gottes mit der Christusanbetung in engste Verbindung zu bringen – ein Aufstrahlen von Göttlichkeit in einer religiösen Grenzerfahrung, begleitet vom staunenden Wunsch, bei Goethe entlehnt, „Werd ich zum Augenblicke sagen: / Verweile doch! du bist so schön!" (1015/52). So wahr dies alles ist. Zugleich ist ein kritisches Element mit auf dem Plan. Während nämlich Glanz von Macht und Herrlichkeit klar an Christus haftet, uns fasziniert, an uns Wirkung entfaltet, erfolgt zugleich eine klare Weichenstellung, nämlich so: Liebe Leute, sobald Verklärung Teil der Christuswirklichkeit ist, gehört sie exklusiv, also ausschließlich dorthin. Und weil sie dorthin und eben nur dorthin gehört, ist alle andere Macht, ist aller andere Glanz so faszinierend nicht mehr. Verklärung Christi – damit sind Machtverherrlichung und Star- und Herrscherkult zugleich die Spitze genommen. Verherrlichung und Kult gebühren Menschen nicht, und wollten sie noch so glänzen. Die Zuspitzung ist für sie und für uns bereits uns gnädig entzogen. Wenn wir beten, und wir tun gut daran, so zu beten: „denn dein ist das Reich und die Kraft und die Herrlichkeit in Ewigkeit" (Mt. 6, 13b) – sagen wir damit im gleichen Atemzug: dein (Gott), das heißt, also nicht mein und dein, nicht unser. Dein (Gott), also nicht anderer. Kurzum: Die altgewohnte gottesdienstliche Ausklang zum Vaterunser, diese liturgische Doxologie zum Text-Kern Jesu, diese Lobpreisung hat etwas sehr und bewusst Herrschaftskritisches. Und auf dieser Linie recht verstanden das Fest der Verklärung Christi ganz genauso. Weil und seit Verklärung klar zu Christus gehört, gehört sie nicht zu uns und nicht zu anderen. Macht mag faszinierend sein. Sie jedoch hat eine heilsame Grenze dort, wo Gottes Macht und Allmacht beginnt, seine größere Herrlichkeit, sein eigentlicher und wirksamer Glanz. Glaube an Gott ist zugleich Glaube an irdische Begrenzungen – von Reich und Kraft und Herrlichkeit. Glaube an den einen Gott ist Orientierung am Ewigen. Glaube und Demokratie passen wunderbar zusammen, als Herrschaft auf Zeit, als Macht-Begrenzung. Deshalb steht es demokratischen Verfassungen gut an, einen Gottesbezug mit aufzunehmen – als starken Vorbehalt gegen Machtmissbrauch und Orientierungslosigkeit. Das Grundgesetz hat diesen Gottesbezug, gut so. Uns allen steht es gut an, selbst mit einem klaren Gottesbezug zu leben – das ist mir (und uns im Kirchengemeinderat) noch wichtiger, als zu prüfen, ob dieser Bezug nun auf allen Ebenen erneut verankert ist. Und uns steht es gut an, uns demokratisch zu beteiligen, nicht verklärt, aber auch nicht verdrossen oder als Irrläufer (HK I) wie eine angst- und ressentiment-besetzte Bewegung in Dresden und sonstwo. Eher dankbar dafür, dass Beteiligung zivilisiert möglich ist und dass Glaubenspositionen in der Öffentlichkeit wirksam sind – nicht als Herrschaftsform, sondern als Anstoß, als Anregung und Vertiefung, und manchmal höchst eindrucksvoll im demokratischen, religionsübergreifenden Schulterschluss wie am 11. Januar in Paris.

Aus dieser Perspektive werde ich auf Herrschende blicken, auf geschichtliche Größen, Frauen und Männer, die vielleicht Geschichte geschrieben haben – oder, was wahrscheinlicher ist, mit denen Gott Geschichte geschrieben hat, und Gott ist immer beides – Segenszuspruch und Grenze, also Herrschaftskritik in einem, starker, gewachsener, wirksamer Vorbehalt dagegen, dass wir Verklärung auf Macht und Menschen übertragen. Wir feiern das Fest der Verklärung Christi und bekunden damit: Da sei der Himmel vor! Und noch etwas: Diese Perspektive gilt heute als Bestandteil eines „westlich säkularen Denkens(s)“ (7832/138), so sagt man. Für mich ist das eher ein grober Holzschnitt-Begriff als eine wirklich zutreffende Analyse. Einerseits ist säkulares Denken eines, welches Glaube und weltliche Macht sauber trennt. Dies hat allerdings mit Atheismus und dergleichen nichts zu tun. Sauber trennen kann man auch das, was man durchaus auf beiden Seiten wertschätzt. Andererseits ist ‚westlich‘ ein unscharfer Begriff. Wo endet, wo beginnt der Westen, das Abendland? Ich sehe und schätze starke kulturelle Zusammengehörigkeiten, z. B. im Ostseeraum, z. B. mit unserer Wiege der Kultur – und da sind Italien, Griechenland und das Heilige Land in unserer Vergangenheit überschätzt – und etwa Türkei, Iran und Irak, Ägypten und Nordafrika bis heute stark unterschätzt worden, mit allen Verwerfungen und Vorurteilen bis in die Gegenwart. Kulturell, religiös gehören wir zusammen. –

Heute ein Predigt-Blick auf einen Mann, von dem gilt, er habe „westlich-säkulares Denken“ (ebd) in der Türkei verankert. Er selbst hat sich, wenig bescheiden, „Vater... der Türken“ (aaO/7) genannt und genießt dort allgegen-wärtiges Ansehen. 1881 wird als Sohn eines türkischen Zollbeamten und einer türkischen Bauerntochter Mustafa in Saloniki geboren, „das genaue Geburtsdatum steht nicht fest“ (aaO/17). Wegen schlechter Bezahlung quittiert der Vater den Staatsdienst, wird Holzhändler – und stirbt früh. Mustafa kann die Schule nicht weiter besuchen und schlägt sich durch, indem er es übernimmt, „als Hütejunge die Krähen zu verscheuchen und... Vieh zu hüten“ (aaO/19). Seine Chance ist, ab 1893 – also zwölfjährig – „die Militärschule Saloniki“ (aaO/20) zu besuchen. Der Junge macht seinen Weg, ab 1899 in Istanbul. Nicht nur das Militärische, sondern auch ein breites intellektuelles Interesse wird in ihm gefördert. Ebenfalls in Istanbul kommt er in die „Generalstabsakademie“ (aaO/23). Mit erörtert wird die Frage: „Wie können die Lehren des Propheten mit den Erfordernissen der modernen Zeit in Einklang gebracht werden?“ (aaO/24). Solches Fragen bringt einige aus der aufstrebenden jungen Elite, auch Mustafa Kemal, wie er sich inzwischen nennt, in Opposition zur osmanischen Herrschaft. „Kemal“ ist ein arabischer Name, der übersetzt bedeutet „Vollendung“ (aaO/20). Soweit ist es nicht, diesem Namen Ehre zu machen, doch die Ziele werden klar formuliert: „Das Sultanat muss zerstört werden... Religion und Staat müssen voneinander getrennt werden. Wir müssen uns der östlichen Zivilisation entziehen und der westlichen zuwenden. Wir müssen die (Rang-) Unterschiede zwischen Mann und Frau aufheben... Wir müssen die Schrift, die uns hindert, an der westlichen Zivilisation teilzunehmen, abschaffen“ (aaO/30) – und die lateinische statt der arabischen Schrift einführen. – Bis einschließlich des 1. Weltkriegs waren das deutsche Kaiserreich und das osmanische Reich starke Verbündete. Kemal ist Kaiser Wilhelm II. begegnet, doch dessen „kasinomäßige(m) Stil“ (aaO/45) kann Kemal, inzwischen Kommandeur einer Armee, nichts abgewinnen. Ab 1919 dann, im

Machtvakuum nach dem Ende des 1. Weltkrieges, steigt Kemal auf. Nicht nur positiv. Die Vernichtung Armeniens 1920 ist ein großes, dunkles Kapitel, der Verrat der Kurden auch. Der Schwerpunkt meiner Predigt ist jedoch ein anderer. – 1923 wird Kemal zum ersten Präsidenten der jungen türkischen Republik gewählt, die neue Hauptstadt wird Ankara. Seine zuvor formulierten Ziele kann Kemal nun nach und nach umsetzen. 1925 wird die Universität Ankara gegründet (in der 1954 die evangelische Theologin und Islam-Expertin Annemarie Schimmel eine Professur für Religionsgeschichte übernehmen wird! (vgl.6006/103)). „Kemal redet öffentlich gegen die Verschleierung von Frauen“ (7832/144), 1926. Gebetsrufe und Koran werden ins Türkische übersetzt, ab 1932. Kleidung, Gesetze (türkisches BGB 1926), Schrift, Zeitrechnung, Namensgebung werden reformiert. Wirkungsvoll, jedoch als Vorgabe von oben. Eine renommierte Islamwissenschaftlerin, Gudrun Krämer, merkt kritisch an: „Atatürks brachiale Säkularisierung belastete (und belastet)die Idee des Säkularismus in der gesamten islamischen Welt“ (7780/269). Überzeugungsarbeit ist auf Dauer wirksamer als machtvolles Durchgreifen. – Ab 1934 legt sich Kemal den Familiennamen Atatürk zu. Ganz wichtig: 1932 Beitritt der Türkei in den Völkerbund – und später, 1955, NATO-Mitgliedschaft. Und EU? Zwischen Atatürk und Erdogan heute gibt es gravierende Unterschiede. Die Zukunft ist offen, doch begonnen hat sie längst – nicht zuletzt durch Kemal Atatürks Impulse. Sein Weg: Machtfülle, Reformen von oben, jedoch säkular, ohne Übertreibung. Kemal Atatürk wird 1927, 1931 und 1935 als Präsident wiedergewählt. In der Armee hat er Bescheidenheit in der Lebensweise gelernt. Er hebt sich ab vom Glanz der Osmanen (einem Glanz, der seinesgleichen sucht – einem durchaus stilvollen Glanz, der mich am Bosporus und im Topkai-Palast durchaus beeindruckt hat). Präsident Erdogan steht weitaus weniger für Bescheidenheit… - Ein-Ehe, „das Recht, … Religion frei zu wählen“ (7832/109), Bildungsinitiativen, Geschichts-Bewusstsein für die Türkei. Kemal Atatürk ist in weiten Bereichen ein moderner Aufklärer. Beim Aderlass des Geistes durch Nazi-Deutschland finden beachtlich viele Größen aus Geist und Kultur in seiner modernen Türkei Aufnahme, so z. B. Ernst Reuter als Professor für politische Wissenschaften in

Ankara, später im Nachkriegsdeutschland Berliner Bürgermeister. „Atatürk kann durchaus als ein Vorreiter der selbstbewussten Politiker der Dritten Welt... betrachtet werden“ (aaO/118). An „Leberzirrhose“ (aaO/128f) ist Kemal Atatürk am 10. November 1938 in Istanbul gestorben, einen Tag, nachdem die Nazis hierzulande die fanatischen Übergriffe auf Synagogen und jüdisches Lebens reichsweit angezettelt hatten. Also: Abendland taugt nicht als Garantie für Zivilisation. Damals war in der Türkei Zivilisation und hier furchtbare Barbarei. Ohnehin: Wer nach der „Wiege der Zivilisation“ (4851) sucht, wird durchaus fündig – in der Türkei. – Aus diesem Ausgangspunkt suche ich gemeinsam mit Verbündeten wie Hatice Kara hier oder Seher Icten von der mit dem Hamburger Bürgerpreis ausgezeichneten Initiative „Die Kraft der Toleranz“ neue Anstöße für eine „neue Normalität“ (7998/86). Kemal Atatürks Erbe wird in der Türkei wertgeschätzt. Verklärt nicht. Auch meine Predigt enthält sehr nüchterne, kritische Passagen. Verklärung hat nichts mit Menschenwerk zu tun, höchstens als Begrenzung. Was bleibt? In der islamischen Welt gibt es – siehe Atatürk – einen starken Impuls für Aufklärung und säkulares Denken und Wirken. Also, wenn man so will, eine islamische Variante zum Vaterunser-Ausklang, „denn dein ist das Reich und die Kraft und die Herrlichkeit in Ewigkeit“ (Mt. 6, 13b). Dein (Gott), also nicht unser. Darauf können wir gelassen und gemeinsam sprechen: Ja, und Amen.

Latife Hanım (*1899 +1975) & Jes. 64, 3.4a; Lk. 1, 52

Den Advent liebe ich! Weshalb? Keine Antwort, die auf Bräuche, Düfte, Stimmungen zielt, gebe ich, sondern eine generell inhaltliche. Advent liebe ich, weil ich davon überzeugt bin, dass diese Botschaft stimmig ist: Gott ist stark im Kommen. Verheißungen verdichten sich. Geschichte wird heilsschwanger. (Im Advent muss es dieses Wort geben, denn Hoffnung ist angesagt, also das Gegenteil von unheilsschwanger). Advent liebe ich, weil Advent Gottes klarer Einspruch ist gegen alles Gejammer, gegen die Neigung vornehmlich Älterer, Geschichte als so etwas wie Verfallsgeschichte zu deuten, oft verknüpft mit der Frage, wohin wir denn gekommen seien. Weil ich Advent liebe, frage ich unverdrossen, ja ermutigt gegenan: Wo tut sich Gutes, Neues, Verheißungsvolles? Wo und wie zeigt sich, dass Gott stark im Kommen ist? Adventlich gestimmt habe ich acht auf den offenen, weiten Horizont, wo das Dunkel aufreißt und von neuem Licht durchflutet wird. „Kein Ohr hat gehört, / kein Auge hat gesehen einen Gott außer dir, / der so wohl tut denen, die auf ihn harren“ (Jes. 64, 3). „Du begegnest / dem Freudigen, / dem Täter der Wahrhaftigkeit, / denen, die dein gedenken / auf deinen Wegen“ (Jes. 64. 4a; 1647/02) – so übersetzt Martin Buber den sich unmittelbar anschließenden Bibelvers, der bei uns sonst weggeschnitten wird, was sehr schade ist. Gott begegnet denen, die sich tatkräftig um Wahrhaftigkeit bemühen und freudig nach Wegen zum und vom einen Gott fragen, freudig statt kleinlich, positiv statt negativ. Advent heißt: Hoffnungsgeschichte statt Verfallsgeschichte. Das genau meine ich, wenn ich Advent liebe.

Mit alledem im Sinn zeichne ich nun eine menschliche Liebesgeschichte nach, die zuzeiten Geschichte gemacht hat, jedoch inzwischen weithin unbekannt ist, zu Unrecht. Dass Militärstäbe im Krieg und/ oder bei Machtzusammenballungen in Diktaturen zuweilen alles andere als zimperlich sind, wenn es logistisch günstig scheint, sich in einem Schlossflügel oder in einer schönen, geräumigen Villa kurzerhand einfach einzuquartieren, ist bekannt. Dabei wird weniger als wenig Rücksicht genommen auf diejenigen, die in Frieden und Freiheit dort wohnen.

Gestern Privatvilla, heute Hauptquartier. Wieder und wieder hat es dieses Motiv gegeben. Hier aber wird es zum Ausgangspunkt einer denkwürdigen Begegnung, aus der mehr wird. Ein bisschen mehr erzählen muss ich von Latife, der Tochter des Hauses, das requiriert werden wird. Latifes Vater ist damals „einer der prominentesten Geschäftsmänner von Izmir" (8094/14) und kurzzeitig dort auch Bürgermeister. Während des griechisch-türkischen Krieges verlässt die Familie Izmir – und wohnt in Marseille – von Herbst 1919 bis Juni 1922. Nur die Großmutter bleibt zurück, sie will nicht weg. Als sie krank wird, kehrt zunächst die Enkelin Latife zurück - mit einem Pass, auf dem vermerkt ist: „Steht unter besonderem Schutz" (aaO/16). Schon vor dem Verlassen der Türkei hatte Latife „sich der anti-griechischen Untergrundbewegung verpflichtet" (ebd). In Istanbul gibt man ihr bei der Rückkehr einige Dokumente für Widerstandskämpfer in Izmir mit. An ihrem 23. Geburtstag kommt sie zurück in die Heimatstadt. Als Vorsichtsmaßnahme hat sie sich in ein langes Gewand gehüllt. Den griechischen Patrouillen tritt sie beherzt entgegen: „Eine Muslimin können Sie nicht durchsuchen" (aaO/17). Dies sagt sie so forsch, dass es Eindruck macht. – Anfang September dann hat sich das Blatt gewendet: Die griechische Besatzung zieht ab, der türkische Anführer Mustafa Kemal hat gesiegt. Am 10. September kommt er nach Izmir, und seine Leute beziehen im Haus der Kaufmannsfamilie Quartier. Die Wachen wollen Latife nicht hineinlassen. „Aber das hier ist mein Haus" (aaO/20), entgegnet sie. Und wenig später sagt sie: „Herzlich willkommen, Kemal Pascha, lassen Sie mich Ihre Hand küssen". „Seien Sie in Ihrem Haus auch herzlich willkommen, junge Dame" (aaO/21), antwortet der Angesprochene. „Lassen Sie mich Ihre Hand küssen" (ebd). In der sich entwickelnden kurzen Unterhaltung gesteht Latife, dass sie „ein Medaillon" (ebd) mit Kemals Bild trägt, Zeichen ihres Widerstandswillens gegen die Griechen. Latife ist eine höhere Tochter, sie hat Englisch, „Arabisch und Französisch gelernt" (aaO/23), auch „ Deutsch und Latein" (aaO/24) sowie Persisch. Ihre Familie ist „traditionell… eher westlich orientiert, aber...respektiert…auch orientalische Werte und integriert sie in ihren Lebensstil" (ebd). Latife hat „besonderes Talent für

Kunst, Literatur und Musik“ (aaO/25). Ihr Urgroßvater „hatte ihr aus London ein Klavier kommen lassen“ (ebd). Klavierstunden nimmt sie bei der deutschen Pianistin Anna Grosser-Rilke (das ist die „Nichte des berühmten Dichters Rainer Maria Rilke“ (ebd)). Als 17-jährige engagiert sich Latife für die Frauenbewegung. Sie reitet, ist Sport-schützin, ist selbstbewusst. Körperlich groß ist sie nicht, „nur etwa 1,56 Meter“ (aaO/27). Vor ihrer Rückkehr in die Türkei hatte sie Jura zu studieren begonnen, „an der Sorbonne“ (aaO/28) in Paris. Wenige Tage nach der ersten Begegnung wird Latife für Kemal „Übersetzerin und Sekretärin“ (aaO/41), und bald Adjutantin. Sie arbeitet ihm zu, Texte, diplomatische Noten, sie wird seine geschätzte Gesprächspartnerin. Gerade mit ihrer Entschlossenheit, „Frauen von den jahrhundertealten Traditionen, die sie unterjochten und zu Sklavinnen der Männer machten, zu befreien“ (aaO/43), gewinnt sie „Kemals Herz“ (ebd). Wohlgemerkt: 1922, in Izmir in der Türkei. Ein Stück Advent, als Impuls zur Befreiung, zur gleichberechtigten Teilhabe der Frauen. Schon die junge Frau Maria hatte adventlich gesungen: Gott „stößt die Gewaltigen vom Thron / und erhebt die Niedrigen“ (Lk. 1, 52) – und sorgt dafür, dass Frauen nicht erniedrigt werden! Hat es sich herumgesprochen? – Mit verschleierten Gesichtern kann ich nichts anfangen. Ich finde es gut, richtig und wichtig, wenn und dass Frauen ihre Stirn zeigen und gebrauchen. – Zurück zu Latife: Kemal findet großes Gefallen an ihr – und macht ihr Heiratsanträge. Sie zögert zuerst, dann nicht mehr. „Unsere Verbindung ist vor allem aus der Verbindung unserer Köpfe entstanden“ (8094/46), äußert Latife später. Bei einem Neujahrsempfang Anfang Januar 1923 vermeldet Mustafa Kemal erstmals öffentlich: „Ich heirate!“ (aaO/53). Ende Januar ist es schon so weit, es wird Hochzeit gefeiert. Und Latife wird nicht, wie dort traditionell üblich, „durch einen Vormund vertreten“ (aaO/60). Sie ist mündig – und sagt vor dem Geistlichen selbst ja! Mündig bleibt sie, und betritt als „erste türkische Frau... das Parlament“ (aaO/71), um eine Rede anzuhören, die sie gemeinsam mit ihrem Mann ausgearbeitet hat. Am 23. Oktober 1923 wird die Republik ausgerufen. Mustafa Kemal wird der erste Präsident. Im März darauf wird er „die Religion von der Politik... trennen“ (aaO/100), früher als in vielen Teilen Europas. Latife trägt schöne Kleider und repräsentiert als junge Präsidentengattin Weltläufigkeit. „Mit ihren Sprachkenntnissen" ist sie für ihren Mann „ein Tor zur Welt" (aaO/104). Aus Büchern liest sie vor, spielt auf dem Klavier, auch bei offiziellen Anlässen, eine „Romanze von Tschaikowski" (aaO/105). Und sie hält politische Reden, bedeutsame, wirkungsvolle. Sie verkörpert „das zukünftige Frauenmodell" (aaO/137). Als problematisch erweist sich jedoch, dass Mustafa Kemal, erfolgsverwöhnt und führungsstark, „seinen Gewohnheiten treu" (aaO/141) bleibt. Ihn stören und ärgern „Latifes Bemühungen, seinen Alkoholkonsum… zu begrenzen" (ebd) und die Zeit nach Mitternacht, die er zechend mit Freunden zuzubringen pflegt. Sie versucht, „ihn zu führen" (aaO/147). Das ist ihm zuviel. In der Nacht des 20. Juli 1925 kommt es wohl zu einem heftigen Ehestreit darüber, soweit man wissen kann. Die beiden trennen sich. Am 12. August folgt sein Scheidebrief, einseitig. „Sie haben also auf westliche Art geheiratet"; die Scheidung aber folgt „auf türkische Art" (aaO/158f). – Politisch ist „Atatürk" ein „Verfechter von Verwestlichung und Frauenrechten, im Privatleben (aber) ein patriarchalisches Familienoberhaupt" (aaO/183).- „Schade, dass zwei Menschen, die Gott zusammengeführt hat, sich wieder getrennt haben" (aaO/186), sagt Latife Hanım in jeden Tagen in der Presse, die kosmopolitische, kultivierte junge Frau (damals 26-jährig). Sie hatte sich auch in der Ehe „den Luxus einer eigenen politischen Meinung" geleistet und war „damit… untragbar geworden" (7832/79), heißt es in einer Atatürk-Biographie. Latife Hanım zieht sich oft in ihre Bibliothek zurück, „um ohne Unterlass zu lesen" (8094/209), das Klavierspiel gibt sie auf. Sie zieht direkt an den Bosporus nach Istanbul. Vermutlich hat sie nicht aufgehört, Mustafa Kemal, nun Kemal Atatürk zu lieben. Zu seiner durchaus gegenwärtigen, verbreiteten Verehrung in der Türkei gehört als Korrektiv diese Rückseite, die ausgeprägte Abwertung von Latife Hanım. Von einer Krebs-Erkrankung verrät sie nichts. Sie stirbt am 12. Juli 1975, fast fünfzig Jahre nach der Trennung. Ihren Ex-Mann überlebt sie um 36 Jahre. – Wäre mehr Advent in der Türkei, in der islamischen Welt zur Zeit von Atatürk möglich gewesen? Gott setzt jedenfalls auf die Niedrigen, auf die Abgewerteten.

Insofern ist die weithin nicht von der Hand zu weisende Atatürk-Verehrung zu ergänzen um eine angemessene Latife-Wertschätzung. Sie war eine weltoffene Muslima, (heute knüpfen andere Frauen daran an, vor allem Frauen, mündig, gewandt, vorbildlich, zukunftsträchtig). Latife Hanım war in vielem ihrer Zeit voraus. Doch gerade dies ist ja ein Wesensmerkmal von Advent, auch heute und morgen. Amen.

„Eine Islamisierung Deutschlands sehe ich nicht“

A. Merkel, 2015

Weiterführende Dialog-Voten von Bundeskanzlerin Angela Merkel (* 1954) und Bürgermeisterin Hatice Kara (*1979) & Lk. 10, 25-37; Jh. 4, 1ff

Im Evangelium gibt es eine starke Linie, die in Kirche und Theologie in ihrer Brisanz und Aktualität leicht unterschätzt wird: Jesu hohe Wertschätzung für Samariterinnen und Samariter. Im Judentum zu seiner Zeit wurden diese stark und verbreitet abgewertet. Jesus hält dagegen und wertet sie auf. Mehr noch: Als schlechthin vorbildlich stellt er sie heraus. Die damals verbreitete Abwertung hatte ihren Grund darin, dass samaritanische Menschen anders glauben. Genau dort hakt Jesus mit einer doppelten Gegenbewegung ein. Mit einer Denk-Bewegung, die nicht einfach das Verbreitete nachplappert oder verstärkt, sondern kritisch und respektvoll umdreht. Gegen Abwertung setzt er klare Aufwertung, gegen Vorbehalte seine Freude daran, von anderen anderes lernen zu können. Kurzum: Wo es geht, verbündet er sich souverän mit ihnen. Und dies wirkt sich aus und wirkt fort. Hilfskräfte beziehen sich bis heute gern auf den barmherziger Samariter, mit Recht. Dessen Hilfe ist vorbildlich, der ‚Arbeiter-Samariter-Bund‘ trägt ihn im Namen, während etablierte religiöse Amtsträger versagt haben. Und nicht nur Frauenbewegte nehmen intensiv teil, wo Jesus am Brunnen der Wahrheit den tiefen Dialog mit einer Samariterin führt (Joh.4, 1ff), und dabei nicht nur die Andersgläubige und Ausländerin aufwertet, sondern gleichzeitig natürlich auch die Frau. Auch sie gewinnt er als Verbündete.

Aufwertung – Dialog - Bündnis.

Mit diesem Dreischritt weitet Jesus im Evangelium Grenzen. Also beharrt er nicht auf Abgrenzung und sogenannter etablierter Rechtgläubigkeit, sondern er weitet, öffnet den Horizont. So ist er ein offenkundiger Wegbereiter für einen dialogischen Glauben und eine dialogische Theologie. Viel zu lange ist gleichwohl falsche Abgrenzung betrieben worden, und überwunden ist diese nicht, jedoch merklich „im Schwinden" (EG 16, 3). Gut so. Neben einer sich heute öffnenden, sich ausprägenden Willkommenskultur gibt es – bis hinein in die Mitte von Gesellschaft, auch Kirche und Theologie – Vorbehalte, Ängste, Ressentiments, Vorurteile und Unkenntnis. In der ersten Hälfte des 20. Jahrhunderts vor allem als schrecklichen Antisemitismus und Judenhass, heute als Angst vor Islamisierung bis hin zu unsäglichem Islam-Hass. Pegida- und AfD-„Irrläufer" (HK I) zeigen dies an, und nicht nur sie. Medienbeiträge und auch Tischgespräche in eigentlich gepflegten Häusern zeigen eine ziemlich verzerrte Wahrnehmung, eine mir viel zu verbreitete Islam-Phobie. Die teile ich nicht. Ich folge dem Jesus nach, der Menschen, exemplarisch Frauen und Männer aus den Reihen der damals abgewerteten Samaria-Bevölkerung anders einschätzt: Aufwertung – Dialog - Bündnis. Und weil diese seine Botschaft schon damals auch eine markant politische war, nehme ich Worte, Überlegungen und Anregungen zweier politischer Frauen von heute auf, die vor drei Jahren Tag um Tag bei uns in Timmendorfer Strand starke Grußworte zur EKD-Synode gesprochen haben, Bundeskanzlerin Angela Merkel und Bürgermeisterin Hatice Kara. Beide in unterschiedlichen Parteien, unterschiedlichen Religionen, jedoch mit einem ausgeprägten Gottesbezug, zwei Frauen, die aus Minderheitshintergründen an Spitzen gewählt worden sind, die ostdeutsche Physikerin und die Juristin mit türkischen Wurzeln, die erste Bundeskanzlerin und die erste muslimische Bürgermeisterin in Deutschland. An beiden lässt sich – bei aller Unterschiedlichkeit – demokratische und kulturelle Veränderung ablesen, und auch, dass solche erst am Anfang steht.

Zur Aktualität: Nach den terroristischen Anschlägen in Paris im Januar hat sich Angela Merkel demonstrativ eingereiht – als starke Frau wie auch die muslimische Königin Rania von Jordanien in der ersten Reihe, als sichtbarer Teil im „Meer von Freiheitsfreunden", als Teil eines „Meer(s) von Menschen, das sich nicht der kranken Logik der Terroristen folgend in christlich, muslimisch, jüdisch, nichtgläubig spalten lässt" (AM I, 2) – und die Kanzlerin fügt vor dem Deutschen Bundestag hinzu: „Jede Ausgrenzung von Muslimen in Deutschland, jeder Generalverdacht verbietet sich" (aaO/3). Und ganz klar sagt sie: Terrorismus „ist für mich Gotteslästerung“ (aaO/4). Angela Merkel mahnt: „Wir alle haben Fremdbilder im Kopf… sie bestehen aus Erfahrungen, Gehörtem, aus ungeprüften eigenen Vorstellungen, auch aus Ängsten. Sie sind teils richtig und teils falsch. Bei manchen werden Fremdbilder zu Feindbildern. Das lässt sich durch Aufklärung und Kennenlernen verhindern“ (ebd). Genau auch daran arbeitete ich, überzeugt seit Jahren, so gut und weit ich kann. In einem großen Zeitungsinterview am 16. Januar präzisiert die Bundeskanzlerin ihre Aussagen: „Es gibt keinerlei Rechtfertigung, im Namen der Religion Gewalt anzuwenden“ (AM II). Auf die Frage: „Halten Sie die Furcht vor der Islamisierung Deutschlands für berechtigt?“, antwortet Angela Merkel klar: „Nein. Die Muslime und ihre Religion, der Islam, sind Teil unseres Landes. Eine Islamisierung sehe ich nicht“ (ebd), es sei aber z. B. die Aufgabe von Kirche und Religionsunterricht, aufklärend zu wirken, weil es weithin gelte, dass „wir zu wenig über den Islam wissen“ (ebd). Hier bezieht sich die kluge Protestantin und Pastorentochter offenkundig mit ein, und räumt ein, dass Protestantismus und Pastorenschaft zu lange weitaus weniger aufmerksam mit dem Islam umgegangen sind als Jesus mit Menschen und Glauben aus Samaria. Doch Evangelium heißt offenkundig auch: Weiter sehen, nicht ausgelernt haben! Mir liegt solches sehr am Herzen. In diesen Zusammenhang füge ich eine ausgeprägte Freundschaft zu Hatice Kara. Diese frische, weltoffen und ehrlich engagierte Demokratin wird nicht nur von mir, sondern in der evangelischen Kirche inzwischen weithin als Verbündete im Gottesbezug sehr geschätzt. Was sie zu diesem Themenfeld äußert, entspringt zu einem Gutteil unserem Intensiv-Dialog und einem Vertrauensverhältnis, das ein besonderes ist. Beim Sommer-Empfang der Nordkirche hat unsere muslimische Bürgermeisterin Hatice Kara neben Ministerpräsident Torsten Albig das zweite Grußwort gesprochen- vor Spitzen aus Kirche, Staat und Gesellschaft unseres Bundeslandes. Sie weist auf unser „vorbildliches Miteinander“ (HK II,1) vor Ort hin und auf unser Gemeindegespräch im Juni hier mit der Islam-Professorin Katajun Amirpur, die überzeugend zeigt, „dass Islam und Demokratie, Freiheit, Menschen- und

Frauenrechte zusammenpassen" (ebd). Kara fragt dazu: „Warum hört und liest man davon so wenig? Warum wird einem entstellten, radikalisierten, fundamentalistischen Islam sozusagen eine öffentliche Deutungs-Hoheit für den Islam unterstellt? Natürlich sind solche Auswüchse gefährlich, doch sie sind absolute Minderheits-Positionen und beleidigen die Mehrheit" (ebd). Hatice Karas Kernthese lautet: „Es gibt eine allemal beachtliche, neue Schnittmenge zwischen evangelischer Kirche im Norden und Reform-Islam, eine mit Zukunfts-Potential... Wo diese... beachtet und gefördert wird, da gewinnen beide Seiten gemeinsam, an Bedeutung, an öffentlichen Gestaltungs-Möglichkeiten und natürlich an Gemeinsamkeit" (aaO/2). Auch unsere Bürgermeisterin plädiert für „Aufklärung gegen Vorurteile" (ebd). „Solche sitzen fest und tief, bis hinein in den Sprachgebrauch in den Medien. ‚Dschihad' ist ein Wort mit einem kostbaren Gehalt, es heißt, genau übersetzt: „..sich mühen auf dem Weg Gottes" (so Katajun Amirpur). Nicht irgendeine entstellte, terroristische Fratze. ‚Scharia' heißt: „...gebahnter Weg". Es ist Zeit, die neuen Gemeinsamkeiten zu begreifen und zu vertiefen. Wo dies gelingt, wird es dem Frieden und uns Menschen dienen. Wo dies gelingt, ehren wir den <u>einen</u> Gott. Das ist gesellschaftlich relevant, damit ist Staat zu machen" (ebd). Mit einer Segensbitte schließt Hatice Kara: „Der <u>eine</u> Gott... segne uns alle für eine Zukunft als Verbündete. Ich weiß: Diese Zukunft hat schon begonnen" (aaO/3). In diese Richtung kann uns der gemeinsame Gottesbezug führen, wie im Evangelium von Jesus vorgegeben: Aufwertung – Dialog – Bündnis. Seinerseits im Blick auf Samaria. Heute im Blick auf den zivilisierten Islam. Hierzulande bildet dieser längst die Islam-Mehrheit. Demokratische Verbündete, die aktiv Toleranz leben und gemeinsam eintreten „für das Mitreden, Mitentscheiden, Hilfeleisten und dafür, Verantwortung zu übernehmen" (AM I, 4), so Angela Merkel. Sie erinnert daran: „Kaum etwas ist wichtiger... als die Erfahrung, geschätzt, gebraucht und in dieser großen zivilen Gemeinschaft der Freiheit und Verantwortung respektiert zu werden" (ebd). Dies nennt unsere Bundeskanzlerin unseren „Gegenentwurf zur Welt des Terrorismus" (ebd). Pflegen wir nicht falsche Ängste und Abgrenzungen, nicht einmal falsche Angriffe, sondern die Chance neuer

Bündnisse. Sie hat Jesus als schlechthin vorbildlich und human herausgestellt, als Evangelium im Dialog. Amen.

Navid Kermani (* 1967) & Ps. 104, 1-2a

Es tut sich etwas, gerade bei uns in Deutschland. Ein kultureller Impuls gewinnt an Kraft und Deutlichkeit. Stimmen aus dem offenen, toleranten, demokratiefreundlichen Islam werden stärker vernehmbar. Neue, starke Verbündete bieten sich an. Und gleichzeitig stellt sich die Frage an uns, ob und wie wir tatsächlich neue Bündnisse einzugehen bereit sind. Gerade bei uns in Deutschland, im Feld der ausgeprägten Freiheit und Demokratie mehren sich Stimmen, die beides selbstverständlich miteinander verbinden, unaufdringliche Frömmigkeit mit demokratischer Leidenschaft, deutlichem Engagement im Gemeinwesen. Aus den Reihen hochgebildeter Muslime gibt es Akzente, die uns weiterbringen, auch uns Kirchenleute. So lässt es aufhorchen, wenn Hatice Kara wiederholt von einer beachtlichen Schnittmenge zwischen offenem Reform-Islam und evangelischer Kirche spricht und nicht nur für Bündnisse plädiert, sondern mich immer wieder öffentlich als ihren christlichen Verbündeten bezeichnet; diesen Titel trage ich gern und überzeugt. Es lässt aufhorchen, wenn Katajun Amirpur blitzgescheit den Islam so denkt, dass sie Dschihad unmittelbar und überzeugend mit „Demokratie, Freiheit und Frauenrechte(n)“ (7844) in Verbindung bringt. Angezeigt ist es auch, Denken und Werk ihres Mannes Navid Kermani gebührend zur Kenntnis zu nehmen. Dieser steht jetzt im Fokus der Aufmerksamkeit, weil er im nächsten Monat den Friedenspreis des Deutschen Buchhandels bekommt. Navid Kermani – er ist jetzt im Lande unterwegs, an diesem Wochenende in Lübeck. Er weiß von meinem Predigtvorhaben und schreibt mir: „Dass ich einmal das Thema einer Sonntagspredigt sein würde, hätte ich nicht für möglich gehalten (einer Strafpredigt allenfalls aufgrund meiner Sünden). Gern würde ich lauschen…“ (NK V). Navid Kermani, 1967 als Sohn einer iranischstämmigen Arztfamilie geboren, sein Vater „hatte im Iran in einem christlichen Krankenhaus gearbeitet, Kermanis drei ältere Brüder sind ebenfalls als Ärzte tätig“ (NK I, wiki, 1). Navid Kermani betätigt sich früh journalistisch, studiert „Orientalistik, Philosophie und Theaterwissenschaft in Köln, Kairo und Bonn“ (ebd). 1998 schreibt er seine Doktorarbeit im Fach Islamwissenschaft, die wird als Buch veröffentlicht unter dem Titel „Gott ist schön. Das ästhetische Erleben des Koran“ (aaO/4). Koran ist eben immer auch schöne, tiefe, geistliche Poesie, mehr noch: „Nicht das Wort – Musik war am Anfang, und Musik wird es sein, wenn die Seele aufsteigt zu ihrem Herrn“ (8109/421). Gegen eine „Verdrängung des Religiösen“ (NK I/2) bei uns in der Öffentlichkeit plädiert Kermani. Damit schneidet er ein beachtliches Thema an. Ich höre seit einer Weile immer wieder diese Rückmeldung: , Ihr Kirchenleute wollt und könnt mit Gott etwas anfangen. Wir im Islam auch. Das verbindet uns. Doch es irritiert uns, wieviel Gleichgültigkeit Gott gegenüber sonst bei euch gelebt wird!‘. Andersherum: Durch den Islam ist Gott in der Öffentlichkeit bei uns wieder erheblich präsenter als vor wenigen Jahren. Im Alltag ist ein Gottesbezug wieder deutlich gegenwärtiger. Ich schätze die neuen Bündnis-Möglichkeiten und bin sehr dafür, nicht am falschen Ende zu fremdeln, sondern die Wertschätzung Gottes gemeinsam neu zu lernen und dabei gern den Islam neu zu denken, doch unser Christentum, unser Kirche-Sein auch. Kermanis Auffassung teile ich, dass ein „religiöser Analphabetismus… zu einer grundlegenden Verarmung der Gesellschaft“ (aaO/2) beiträgt. Mehr noch. Wer dem Frieden dienen will, muss von Religion und Dialog und Religionsfrieden viel verstehen und nach Kräften mithelfen, dass ein friedliches Miteinander gestärkt wird, ein Wettstreit um das Gute, wie es in Sure 2 im Koran so schön anklingt. – Kermani habilitiert sich 2006 im Fach Orientalistik, lehrt gastweise international an Universitäten Poetik oder Ideengeschichte des Islam. Verheiratet ist er mit Katajun Amirpur, der Hamburger Professorin für islamische Theologie an der Akademie der Weltreligionen. Mit den beiden Töchtern lebt die Familie in Köln. Kermani ist freier Schriftsteller. Menschliche Grenzerfahrungen thematisiert er vielfältig. Zudem schreibt er eindrucksvolle, aufrüttelnde Reportagen aus Krisengebieten: „Ausnahmezustand. Reisen in eine beunruhigte Welt“ (8061), 2013. Für die Aufnahme von Flüchtlingen plädiert er leidenschaftlich, gegen die Abschottung Europas. Ganz elementar weist er darauf hin: „Mitmenschlichkeit setzt voraus, dass man den anderen als Menschen ansieht“ (aaO/227). Hier haben viel zu viele einen ‚Knick in der Linse‘, weil ihnen alles mögliche, jedoch genau dies nicht dies einfällt. Aufsehen erregt hat, dass Bundestagspräsident Norbert Lammert im Vorjahr Navid Kermani eingeladen hat, im Parlament zum 65. Jahrestag des Grundgesetzes die Festrede zu halten. Dort erklärt er: Deutschland dürfe „stolz darauf sein, dass es so anziehend geworden ist“ (NK II, 4) – und fragt zurück, ob die „Einwanderer…immer genügend deutlich gemacht“ (ebd) hätten, „wie sehr sie die Freiheit schätzen, an der sie… (hier) teilhaben“ (ebd) – und schließt mit einer kleinen Verbeugung: „Danke, Deutschland“ (ebd). Auch „Religionsfreiheit“ hat er gewürdigt, und reklamiert, sie habe weltweit zu gelten, und beklagt, dass man hier bei uns Rechte genieße, „die zu unserer (der Muslime) Beschämung Christen in vielen islamischen Ländern heute verwehrt“ (ebd) seien. Wiederum deutlich. Hier spricht, unverblümt, im Klartext, ein starker Verbündeter. – In diesen Tagen ist Kermanis neuestes Buch unter dem Titel „Ungläubiges Staunen. Über das Christentum“ erschienen. Es ist ein tiefer Blick in die christliche Kunst. „Wenn wir, Christen und Muslime, keine gemeinsame theologische Hoffnung hätten, wäre der Dialog sinnlos“ (8112/178); diese Hoffnung aber haben wir, Stichwort: Auferstehung! Kermani spielt einfühlsam und erhellend mit einer Innen- und Außenperspektive. Nochmals, ein Verbündeter. Dieser Spezialist für die Schönheit Gottes im Islam, im Koran, in der Mystik, würdigt die Schönheit Gottes in Judentum und Christentum, die Schönheit gottbezogener Hochkultur. In Psalm 104 heißt es: „Lobe den Herrn, meine Seele! / Herr, mein Gott, du bist sehr herrlich; du bist schön und prächtig geschmückt. / Licht ist dein Kleid“ (Ps. 104, 1-2a). Weil Gott schön ist, gibt es keinerlei Grund, irgendwie klein von ihm zu denken, z. B. klein, indem man unterstellte, Gott hätte sich nur uns offenbart. Hat er nicht – siehe Juden. Psalmen sind Israels Lieder, in die wir einstimmen, weil Jesus Christus in sie eingestimmt hat. Für mich gehört der Islam, der Koran auch zur Familie. So schön ist Gott, dass sein Licht auch den Islam erleuchtet. Weil Gott schön ist, gibt es keinen Grund, klein von ihm zu denken. Klein ist die Frage, ob wir denselben Gott meinen. Klein ist sie, weil sie Menschenfrage ist, eine, die der Schönheit und Weite und Einzigkeit Gottes nicht gerecht wird. Klein ist es, die anderen theologisch beiseite definieren zu wollen. Theologie aber ist nicht klein, sondern Gott verpflichtet, schön dem größeren Ganzen. Gute Theologie geht aufs Ganze, und ist kritisch gegenüber ihrer eigenen Abgrenzungs-Tradition. Theologie beschäftigt sich mit dem weiteren Horizont. Gott ist schön, weil er Menschen an Menschen weist, Glaubende an Glaubende auch. Im Juni hat Bundespräsident Joachim Gauck zum Weltflüchtlingstag gesagt: „Denken wir… nicht zu klein von uns“ (JG) – und ich füge, wie ausgeführt, hinzu: Denken wir nicht zu klein von Gott! Schönheit ist nicht klein, sondern licht und weit, „hell und klar“ (EG 482, 1). Schönheit grenzt nicht ab, sondern strahlt aus, verwandelt ins Gute. In der deutschen Hochkultur hat man lange schon Sinn für die Zusammengehörigkeit im Guten, Wahren und Schönen. Schönheit ist das Gegenteil von Hässlichkeit, auch von Hass und Terror. Schönheit ist und macht frei. Schönheit ist ein starker Impuls, um „die Fratze(n) abzureißen, die das Gesicht unserer Religion(en) entstellen“ (NK III, 2). Falsche Abgrenzung ist nicht schön. Schön ist es, gemeinsam mit einem starken Gottesbezug Gott zu loben – und licht zu werden, aufgeklärt und fromm, demokratisch und menschenfreundlich. Schönheit wertet auf, nicht ab. Schönheit ist eine Kraft, hoffnungsvoll aufs Ganze zu gehen, sogar gern und engagiert mit guten Verbündeten. Aus meiner persönlichen Erfahrung: Verbündete in anderen Religionen zu haben, heißt nicht, das Eigene zu verstecken oder zu verschweigen, sondern es offen und einladend zu gestalten – und sich einladen zu lassen ins Andere. Kermani hat recht, wenn er sagt: „Aus Furcht vor den Reaktionen muslimischer Eltern nicht mehr Advent zu feiern, wie es in manchen Kindergärten oder Schulen geschieht, ist mit Sicherheit das falsche Signal. Es geht nicht darum, sich selbst zu verleugnen, sondern den anderen zu achten“ (NK IV). Wenn ich das Eigene nicht respektiere, wie kann ich dann wertschätzenden Respekt vor dem anderen haben? Als Verbündeter muss ich doch gerade Eigenes zu bieten haben!

In den Friedensnobelpreisen für Shirin Ebadi, Tawakkul Karman und Malala Yousafzai zeigt sich von alledem etwas auf schöne Weise. Den Friedenspreis für Navid Kermani sehe ich auf dieser Linie und freue mich mit. Verbündete hinsichtlich der Schönheit Gottes können helfen, dass es unter uns schöner wird, weiter und friedlicher. Dafür ist die Kraft der Religionen, die geballte Kraft der zusammengehörigen Schriftreligionen allemal prädestiniert. Amen.

Ein Gott, ein Haus, drei Religionen – ein Projekt in Berlin & Jh. 14, 1-2a; Ps. 23, 6b; Suren 93,6; 113,1; 114, 1.3

„Euer Herz erschrecke nicht!“, lässt uns Johannes Christi Wort vernehmen. „Glaubt an Gott und glaubt an mich! In meines Vaters Hause sind viele Wohnungen“ (Jh. 14, 1-2a). Walter Jens übersetzt so: „Seid gelassen: Euer Herz bleibe ruhig – erschreckt nicht, sondern vertraut, heute und immer: auf Gott und auf mich! Im Haus meines Vaters ist eine Bleibe für alle: Wer sie auch seien. Dort können sie wohnen“ (dass., 4410/87). Ulrich Wilckens hingegen deutet dieses weite „für uns alle“ einengend auf „alle ...Christen“, von denen „keiner... dabei seine persönliche Identität... verliert“. Denn: „Es gibt viele Wohnungen in dem einen Vaterhaus“ (4133/30). Hat Christus tatsächlich exklusiv uns Christen im Blick? Wohl kaum, denn die gab es zur Zeit seiner Abschiedsreden ja noch gar nicht, höchstens die überschaubare Gruppe von Männern (und Frauen!), die begonnen hatten, sich auf den Weg seiner Nachfolge zu machen. In Gott, im himmlischen Vaterhaus gibt es „viele Bleibeorte“ (6032/223). Wir Christenmenschen werden von ihm, Jesus Christus, in diese Verheißung einbezogen. So klar dies ist, so wenig leuchtet mir ein, dass diese Verheißung für andere nicht gelten sollte. Schon der jüdische Psalm 23 klingt ja gültig so aus: „...und ich werde bleiben im Hause des Herrn immerdar“ (Ps. 23, 6b), oder mit Martin Buber: „ich kehre zurück / zu DEINEM Haus / für die Länge der Tage“ (dass., 1234/38). Schon aus der Perspektive dieses Psalm spricht wenig dafür, dass die Wohnungen bei Gott uns Christen vorbehalten sein sollen. Und wenn sich der Blick noch einmal weitet um die letzten beiden Suren im Koran, die bekunden: „Ich suche Zuflucht beim Herrn des anbrechenden Tages“ (Sure 113, 1; 7735/386). „Ich suche Zuflucht beim Herrn der Menschen, ... dem Gott der Menschen“ (Sure 114, 1.3.; aaO/387), dann ist der „Bleibeort“ (6032/223) in Gott kein Christenhaus, sondern „Bleibeort“ (ebd) für alle, die auf ihren religiösen, auch in sich vielfältigen Wegen dem einen Gott zustreben und zuhoffen. Dann ist dieses nicht trennend, sondern weit einladend und verbindend. „Hat er dich nicht als Waise gefunden und dir Bleibe gewährt...?“, heißt es wunderbar in Sure 93 (7735/380). Ohne diesen einen Vater, der

„Bleibe gewährt“ (ebd), sind wir alle im Waisen-Status verhaftet. Uns allen also gilt die Verheißung, dass wir nicht ins Waisenhaus gehören, für Erwachsene ja ohnehin eine befremdliche Vorstellung, sondern im Vaterhaus Bleibe haben – auf ewig, „für die Länge der Tage“ (Ps. 23, 6b; 1234/38). Ich halte nichts davon, dem Neuen Testament durch exklusive Zuspitzungen etwas von seiner wunderbar einladenden Weite zu nehmen. Es gibt unter uns Menschen nicht nur die Vielfältigkeit in „persönliche(r) Identität“ (4133/30), sondern auch in religiöser. Ganz gelassen gehe ich davon aus, dass sich Gott schöpferisch dabei etwas gedacht hat – und ein anderes Bild von Lebendigkeit entfaltet als in jeder strengen Einheit. Einheit ist Gott. Vielfältig aber sind wir Menschen. Und ich neige dazu, diese Vielfältigkeit als schöpferische anzunehmen. Statt alle an einer einzigen menschlichen Leitfigur auszurichten, wie es etwa mit dem Papstamt angestrebt ist. Das kann nicht funktionieren – für mich nicht, für eine selbstbewusste Frau schon gar nicht. Ein Gott – viele Wohnungen. Ein päpstlicher Hausmeister oder Schlüsselwart ist nicht vorgesehen – und auch nicht nötig. Ein Gott – Bleibe für alle, die bei ihm Bleibe suchen. So weit – so gut. Weit und gut gehören nämlich meistens zusammen!

Wie spiegeln sich solche Überlegungen, Einsichten, Impulse in der Realität heute? Einen Hinweis darauf verdanke ich einem Weihnachtsbrief, den mir eine muslimische Verbündete mit türkischen Wurzeln aus Hamburg, dort führend engagiert in der ausgezeichneten Initiative „Die Kraft der Toleranz“, Seher Icten, geschrieben hat. Sie hat ihre Aufmerksamkeit auf „ein interessantes Projekt“ (SI) mit mir geteilt. „In Berlin entsteht etwas weltweit Einmaliges: Juden, Christen und Muslime bauen gemeinsam ein Haus, unter dessen Dach sich eine Synagoge, eine Kirche und eine Moschee befinden“ (HoO). Die drei Initiatoren, ein evangelischer Pastor, ein Rabbiner und ein Iman, nennen dieses Vorhaben: „The house of one“ (ebd). Warum Weltoffenheit englisch zum Ausdruck kommen soll, leuchtet mir für ein Berliner Projekt nicht ein. „Haus des Einen“ oder „Ein (Gedankenstrich) Haus“ spräche doch auch an. Die Idee jedenfalls erfährt starke Unterstützung seitens der beteiligten Glaubensgemein-schaften. Unter dem Motto „Sie träumen vom Frieden?

Dann bauen Sie mit“ werden Spenden gesammelt. Für 10 Spenden-Euro kann man sozusagen einen Stein erwerben. Einige habe ich schon. Längst ist dieses Vorhaben mehr als eine Idee. Das „geplante... interreligiöse... Gebäude... soll...voraussichtlich ab 2016 auf dem Petriplatz in Berlin Mitte entstehen“ (HoO,1). Vorausgegangen ist bereits ein „weltweite(r) Architekturwettbewerb“, in dem sich der Entwurf „des bekannten Berliner Architekturbüros Kuehn Malvezzi durchgesetzt“ (ebd) hat. Die drei Sakralräume gruppieren sich „um einen zentralen Raum herum, der als...Raum der Begegnung gedacht ist“ (ebd). Das Bauvorhaben beginnt, wenn 10 Mio. Euro Spendengelder beisammen sind. Die Gesamtbaukosten werden auf stolze „43,5 Mio. Euro beziffert“ (ebd). Weltweit läuft die Spenden-Kampagne. Ob diese Dimension angemessen ist, habe nicht ich zu entscheiden. Drei Merkmale begleite ich mit wacher, lebhafter Zustimmung. Auf dem Petriplatz sind 2006 bei Ausgrabungen Überreste von fünf verschiedenen Kirchenbauten gefunden worden. Die Überreste der letzten „Petrikirche wurden 1964 entfernt“ (ebd). Vorhandene Fundamente sollen integriert werden und zugänglich bleiben. Ein guter Ort, denn hier ist schon gebetet und Segen gespendet, Brot geteilt und Gottes Lob gesungen worden. Das neue Haus Drei-Einig beginnt also mit einer geistreich geprägten Vorgeschichte. Der Petri-Platz auf der Berliner Fischerinsel im südlichen Bezirk Mitte, an den sich Kreuzberg anschließt, ist zentral genug, nicht weit vom Auswärtigen Amt und vom Schlossplatz entfernt. – Weiterhin ist gut, dass in Berlin dieses Vorhaben vorangetrieben wird. Wie keine zweite Stadt steht ja gerade Berlin für Trennungen und Verbindungen, für überwundene Abgrenzungs- und entwickelte Einheitsgeschichte, für Mauer und für Einheit, für starke, erfüllte Hoffnungen, die sich mit so wunderbaren Stichworten wie ‚Freiheitsglocke‘ und ‚Lichtgrenze‘ verbinden. Ich rate dazu, die spirituelle Dimension in diesen beiden Stichworten, ‚Freiheitsglocke‘ und ‚Lichtgrenze‘, nicht zu unterschätzen. Zur Erinnerung: Diese Glocke wurde gegen die Teilung an als Freiheitsklang und –zeichen gesetzt, und ‚Lichtgrenze‘ meint die eindrückliche Installation im letzten Herbst, da man entlang der alten Teilungsgrenze in Berlin mit leuchtenden Ballons markiert hat, wie sich

Dunkles in Licht verwandeln kann. Und wenn bald dort in Berlin ein Geist von Freiheit, Einheit und Licht sich um den einen Gott schart und gemeinsam zu ihm hinführt, mit drei Wohnungen um einen Begegnungsraum herum, dann bildet sich hier ein Stück friedlicher Zukunft ab, gut und weit. – Im Vorjahr habe ich in Belek in der Südtürkei den „Garten der Toleranz“ aufgesucht, ebenfalls mit Synagoge, Kirche und Moschee, ohne jede auftrumpfende Pose, tolerant vereint um einen kleinen freien Platz. „Dieser Eindruck ist für mich eine tiefe, unvergessliche spirituelle Erfahrung“ (7998/85) geworden. Ein Haus – viele Wohnungen . Ein Gott – drei Anbetungs- und Lehr- und Segens-Orte. Und in der Mitte die gemeinsame Begegnung, der Austausch, der Dialog. „Im Haus meines Vaters ist Bleibe für alle“ (Jh.14, 2a; 4410/87), heißt es im Johannes-Evangelium. „„...und ich werde bleiben im Hause des Herrn immerdar“ (Ps. 23, 6b), klingt der wunderbare 23. Psalm aus. „Hat er dich nicht als Waise gefunden und dir Bleibe gewährt?“ (Sure 93, 6; 7735/380), lautet die geistliche Frage in Sure 93. „House of One“, neuer Bleibe-Ort – in Berlin. Verbindend, zukunftsträchtig, hoffnungsvoll. So weit, so gut. Weiter so. Amen.

Zitierte Literatur

(die zweite Zahl ist die jeweilige Seitenzahl. Bei mehreren Verfassern, Herausgebern, Titeln und Verlagsorten ist jeweils nur der erste angegeben)

11 U. Schwarz, John Fitzgerald Kennedy, Luzern 1964

132 C. Weizsäcker, Das Neue Testament, Tübingen 12. 1937

512 D. Baly, Geographisches Handbuch zur Bibel, Neukirchen 1966

614 EKD, Die Lage der Vertriebenen und das Verhältnis des deutschen Volkes zu seinen östlichen Nachbarn, Hannover 1965

664 H. Meyer u.a. (Hg), Vom Zeitalter der Aufklärung bis zur Gegenwart, Frankfurt M. 2. 1967

796 C. F. v. Weizsäcker, Der bedrohte Friede, München 1981

917 B. Pascal, Wohin alles zielt, Wuppertal 1966

1015 J.W. v. Goethe, Faust I/II, Frankfurt M. 1970

1124 W. Pannenberg u.a., Offenbarung als Geschichte, Göttingen 4. 1970

1167 R. v. Weizsäcker, Die Krise als Chance, Stuttgart 1975

1150 G. v. Rad, Die Theologie des Alten Testamentes, I, München 6.1969

1234 M. Buber, Das Buch der Preisungen, Heidelberg 8. 1975

1242 S. Flott, Der Mann, der Hitler töten wollte, Husum 2014

1366 E. Fromm, Haben oder Sein, München 1977

1413 M. Buber, Die fünf Bücher der Weisung, Heidelberg 9.1979

1518 E. Jüngel, Der Wahrheit zum Recht verhelfen. Stuttgart 2. 1977

1647 M. Buber, Bücher der Kündung, Heidelberg 7. 1978

1725 K. Koch u.a. (Hg), Reclams Bibellexikon, Stuttgart 1978

1737 M. Buber, Bücher der Geschichte, Heidelberg 7.1979

1849 Th. Heuss, Dank und Bekenntnis, Tübingen 1954

1869 C. F. v. Weizsäcker u.a., Über die Freiheit, Stuttgart 1965

2237 L. Schmidt (Hg), Aphorismen und A – Z, Wiesbaden 1980

2548 R. v. Weizsäcker, Die deutsche Geschichte geht weiter, Berlin 1983

2592 C. Blumenberg-Lampe (Hg), Der Weg in die Soziale Marktwirtschaft, Stuttgart 1986

2881 R. v. Weizsäcker, Zum 40. Jahrestag der Beendigung des Krieges in Europa und der nationalsozialistischen Gewaltherrschaft, Bonn 1985

2921 R. v. Weizsäcker, Von Deutschland aus, Berlin 1985

2997 K. v. Bonin (Hg), Deutscher Evangelischer Kirchentag Düsseldorf 1985, Stuttgart 1985

3270 R. v. Weizsäcker, Reden und Interviews, I, Bonn 1986

3653 R. v. Weizsäcker, Die politische Kraft der Kultur, Reinbek 1987

3877 Das Neue Testament, Übers. F. Stier, München 1989

3883 U. Gill/ W. Steffani (Hg), Eine Rede und ihre Wirkung, Berlin 1986

4012 M.L. Henry, Die mit Tränen säen, Neukirchen-Vluyn 1990

4032 EKD, Die Denkschriften 1.1, Gütersloh 3. 1988

4100 R. v. Weizsäcker, Reden und Interviews, VI, Bonn 1990

4133 U. Wilckens u.a., Im Anfang Er, Hünfelden-Gnadenthal 1991

4267 K.D. Bracher, Die Auflösung der Weimarer Republik, Düsseldorf 5. 1984

4272 U. v. Hassell, Die Tagebücher 1938 – 1944, Berlin 3. 1989

4404 R. v. Weizsäcker, Reden und Interviews, VII, Bonn 1992

4410 W. Jens, Im Anfang: Das Wort, Stuttgart 1993

4432 O. v. Beust, Mutproben, Gütersloh 2012

4659 M. Gräfin Dönhoff, Um der Ehre willen, Berlin 1994

4729 M. Graf v. Nayhauß, Zwischen Gehorsam und Gewissen, Bergisch Gladbach 1994

4851 M. Zick, Türkei. Wiege der Zivilisation, Stuttgart 2. 2013

4973 Grundgesetz der Bundesrepublik Deutschland, Bonn 1996

4984 H. Graf v. Lehndorff, Menschen, Pferde, weites Land, München 1983

4998 W. Graf, Briefe und Aufzeichnungen, Frankfurt M. 1994

5092 R. v. Weizsäcker, Vier Zeiten, Berlin 1997

5447 R. v. Weizsäcker / Wickert, U., In der Freiheit bestehen, Stuttgart 2000

5578 H. Graf v. Reventlow, Gebot und Predigt im Dekalog, Gütersloh 1962

6006 A. Schimmel, Morgenland und Abendland, München 2002

6021 R. v. Weizsäcker, Demokratische Leidenschaft, Stuttgart 1994

6028 Th. Vogel, in: Kirchenmusik und Verkündigung, Eutin 2003

6032 U. Wilckens, Das Evangelium nach Johannes, NTD Bd.4, Göttingen 2. 2000

6277 Gedenkstätte Deutscher Widerstand, Ausstellung Widerstand gegen den Nationalsozialismus, Berlin 2004

6341 D. Bonhoeffer, Widerstand und Ergebung, München 1970

6366 Th. Vogel, Innere Koordinaten, Timmendorfer Strand 2004

6422 G. Scholz/ M.E. Süskind, Die Bundespräsidenten, München 2004

6443 F. Breinersdorfer (Hg), Sophie Scholl – die letzten Tage, Frankfurt M. 2005

6458 Die Wehrmachtsberichte 1939-1945, Bd. 2, Köln 1989

6464 R. v. Weizsäcker, Was für eine Welt wollen wir?, Berlin 2005

6502 H.A. Winkler, Der lange Weg zum Westen, II, Bonn 2004

6637 H. Höhne, Canaris, Patriot im Zwielicht, München 1978

6672 P. Steinbach u.a. (Hg), Der 20. Juli 1944. Reden, Berlin 1984

6693 D. Bald, Die Weiße Rose, Berlin 2003

6727 H. Fraenkel, Canaris, Spion im Widerstreit, München 1969

6952 M. Mueller, Canaris, Hitlers Abwehrchef, Berlin 2007

6965 Th. Vogel, Befreit zur Freiheit, Timmendorfer Strand 2008

7027 A. Leber (Hg), Das Gewissen entscheidet, Frankfurt M. 1963

7278 E. Jüngel, Allerneuende Klarheit, Stuttgart 2009

7342 E. Madelung u.a., Heldenkinder – Verräterkinder, München 2007

7406 A. Vollmer, Doppelleben, Frankfurt M. 2010

7417 W. Schäuble, Zukunft mit Maß, Lahr 2009

7427 B. Beuys, Sophie Scholl, München 2. 2010

7735 Der Koran, H. Zirker, Darmstadt 3. 2010

7780 G. Krämer, Geschichte des Islam, München 2008

7832 B. Rill, Kemal Atatürk, Reinbek 10. 2011

7844 K. Amirpur, Den Islam neu denken, München 2013

7880 A. Schimmel, Rumi, München 2003

7890 M. Birthler, Halbes Land, ganzes Land, ganzes Leben, Berlin 2014

7887 E. Klee, Das Personenlexikon zum Dritten Reich, Koblenz 2012

7906 A. Koch u.a., Das Persische Weltreich, Speyer 2006

7955 J. Osterhammel, Die Verwandlung der Welt, München 2011

7998 Th. Vogel, Passioniert, Saarbrücken 2014

8006 J. Szynkowski, Wolfsschanze, Biskupiec/ PL 2014

8026 F. Geyken, Wir standen nicht abseits, München 2014

8038 H. Vinke, Cato Bontjes van Beek, Zürich/ CH 2013

8047 U. Sahm, Rudolf von Scheliha, München 1990

8055 S. Grabner u.a. (Hg), Im Geist bleibe ich bei Euch, Berlin 2. 2003

8060 N. Bakirci, Mevlana, Istanbul/ Türkei o.J. (2015)

8061 N. Kermani, Ausnahmezustand, München 2013

8065 R. Stark, Gottes Krieger, Berlin 3. 2015

8070 P. M. Gobb, Der Kampf ums Paradies, Darmstadt 2015

8071 A. Assmann, Erinnerungsräume, München 3. 2006

8073 A. Schimmel, Sufismus, München 2000

8083 N. Kermani, Große Liebe, München 2014

8092 W. Weiße u.a. (Hg), Religion und Dialog in modernen Gesellschaften, Münster 2014

8094 I. Calislar, Mrs. Atatürk. Latife Hanim, München 2010

8109 N. Kermani, Gott ist schön, München 4. 2011

8111 W. Büscher, Ein Frühling in Jerusalem, Berlin 2. 2014

8112 N. Kermani, Ungläubiges Staunen, München 2015

AM I A. Merkel, Regierungserklärung 15.01. 2015, www.bundeskanzlerin.de, Zugriff 15.01. 2015

AM II A. Merkel, „Eine Islamisierung Deutschlands sehe ich nicht", Interview , FAZ 16.01. 2015, S. 3

AV A. Vollmer, Staatsakt für Richard v. Weizsäcker, 11.02. 2015

DHZ DHZ, Ein Vermächtnis. Dem Andenken an Hermann und Eva Maaß-Habich, o.O., o.J. (1946)

FWSt F. W. Steinmeier, Staatsakt für Richard v. Weizsäcker, 11.02. 2015

HK I H. Kara, Brief an Verf., dort „Pegidairrläufer", 20.12. 2014

HK II H. Kara, Grußwort "Jahresempfang der Nordkirche", Schleswiger Dom, 06.07. 2015

HoO House of One, wikipedia, Zugriff 04.05. 2015

IM I. Mangold, Der Religionsflüsterer, www.zeit.de, Zugriff 27.06. 2015

JG I J. Gauck, Das Leiden der anderen, FAZ 22.06. 2015, S. 8

JG II J. Gauck, Es gibt ein helles Deutschland, FAZ 27.08. 2015, S. 1

KvS	Königin von Saba, wikipedia, Zugriff 09.02. 1015
NK I	N. Kermani, wikipedia, Zugriff 27.06. 2015
NK II	N. Kermani, Rede zur Feierstunde „65 Jahre Grundgesetz“ 23.05. 2014, www.bundestag. de, Zugriff 09.05. 2015
NK III	N. Kermani, Wir wehren uns, Die Zeit 15.01. 2015
NK IV	(N. Kermani), Der Religionsflüsterer, Zeit Online 26/2015, Zugriff 27.06. 2015
NK V	N. Kermani, Brief an Verf., 21.08. 2015
RB	R. Blasius, Für ein besseres Deutschland, FAZ 14.07. 2015, S. 7
RW I	R. v. Weizsäcker, Brief an Verf., 12.05. 1977
RW II	R. v. Weizsäcker, Rede in Wittenberg, 24.09. 1983
RW III	R. v. Weizsäcker, Klassik Akzente, 2011
RW IV	R. v. Weizsäcker, Brief an Verf., 17.04. 2003
RW V	R. v. Weizsäcker, aphorismen.de, Zugriff 12.12. 2014
RW VI	R. v. Weizsäcker, Brief an Verf., 12.02. 2013
SI	S. Icten, Brief an Verf., 20.12. 2014
WH	W. Herles u.a., Geist, Maß und Stil. Richard von Weizsäcker, ZDF-Porträt, Video, 1994

Verzeichnis der Predigttexte

1

2

A

E

G

J

L

M

P

R

S

Printed by Books on Demand GmbH, Norderstedt / Germany